株の爆益につなげる

「暴落大全」

The Complete Guide to Making Big Profits from Stock Market Crashes

【株Biz】勉強会 主宰
投資家VTuber
はっしゃん

KADOKAWA

私の名前ははっしゃん。
投資歴は約30年。
30代で資産1億円を達成、
現在はサラリーマンを卒業し
「【株Biz】勉強会」を主宰し、
株式投資の普及に努めています。

さて、暴落は何年に一度のペースで起こると思いますか？
数え方にもよりますが下記とすると、
ココ25年間で起きた暴落は11回。
つまり、2年3カ月に1回のペースです。

- 2000年 ITバブル崩壊
- 2000年 日経平均大量入れ替えショック
- 2001年 NY同時多発テロショック
- 2008年 リーマンショック
- 2011年 東日本大震災の暴落
- 2013年 バーナンキショック
- 2016年 ブレグジットショック
- 2020年 コロナショック
- 2021年 岸田ショック
- 2024年 石破ショック
- 円キャリートレード巻き戻しショック（8月暴落）

暴落は悲劇ではありますが、
視点を変えれば利益のチャンス。

約2年に1回、株価のバーゲンセール
がやってくるとも言えます。

いや、市場全体だけでなく、
個別銘柄の暴落も含めれば、
1年に数回はセールが訪れると言えます。
コレをモノにしない手はありません。

例えば、ITバブル崩壊時にソフトバンクグループの
株を200万円分買っていたら、
今、どうなっていると思いますか？
なんと、1億3,452万円！（2024年12月末現在、+6,604.3％で計算）

もちろん、これは
「後出しじゃんけん」の数字。
それでも、暴落にどれだけのチャンスが
潜んでいるか、わかるはず。

じゃんけん
ぽん

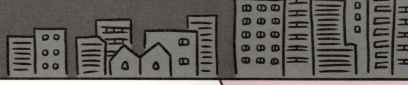

ただし、暴落買いには当然リスクがあります。
景気が傾き、倒産リスクも高まる局面。
例えば、リーマンショック時には、
55社もの上場企業が倒産しました。
（93ページ参照）

では、どうするか？
皆さん、暴落を
学びましょう。

賢者は歴史に学び、
愚者は経験に学ぶ

これはドイツの名政治家
ビスマルクの言葉。
歴史を紐解けば、
「法則」とまではいかなくても、
根源的なパターンは
見えてきます。

私は元エンジニアの経験を活かし、1949年のドッジ・ライン不況から2024年の円キャリートレード巻き戻しショック（8月暴落）、石破ショックに至るまで、75年間にわたる膨大な指数＆銘柄データをPythonなどのITツールで整理・検証しました。

例えば、暴落は「1回だけ大きく下がる」と思われがち。

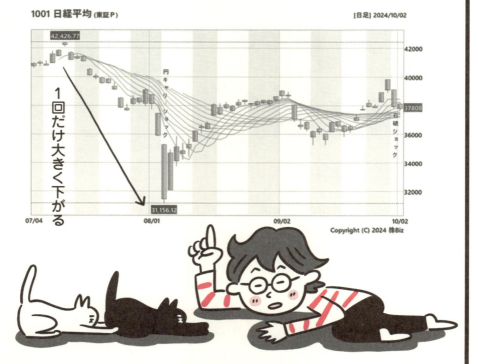

実際には、「大」がつく暴落の場合、
複数回にわたって株価が下がるケースが多いです。
最初にドカンと下がったあと(1番底)、じりじりと2番底をつけるもの。
となると、慌てて買うより「2番底を狙う」ほうが賢い判断と言える
かもしれません。

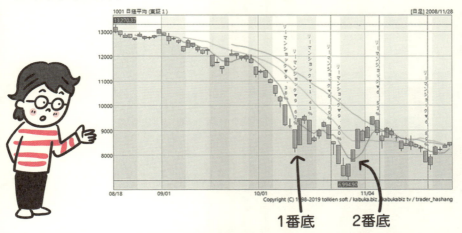

1番底　2番底

では、「大暴落」と「暴落」はどう推し量ったらよいか。
私は「恐怖」と「実現した悪材料」の2つがキーになると考えます。
(82、155ページ参照)

語るとキリがないので、前置きはここまで。
本書を読んで、次の暴落で利益を最大化する準備を整えましょう。

それでは、本編スタート！

はじめに

株式市場では、しばしば株価暴落が発生します。

●ブラックマンデー
●リーマンショック
●コロナショック

などの代表的な暴落について、その名を聞いたことのある方も多いと思います。

図 0-1 ブラックマンデー時の日経平均株価チャート

> ●株価暴落はこれまで何回発生しているのか。
>
> ●株価暴落はなぜ発生したのか。
>
> ●株価暴落で株価はどれだけ下がったのか。
>
> ●株価暴落はどのような影響をもたらすのか。
>
> ●株価暴落はどうやって終わったのか。
>
> ●次の株価暴落はいつやってくるのか。
>
> ●株価暴落にはどう対処すべきなのか。

株価暴落について、このような疑問を持っている方も多いと思います。いくつかの株価暴落には共通点があり、同じような状況において繰り返し発生してきました。そして、株価暴落はこれからも発生するでしょう。

株式市場では経済に対する楽観的な見通しと悲観的な見通しが交錯しています。そして、楽観的な見通しが大多数になれば、バブル相場が発生することもありますし、逆に悲観的な見通しが多くを占めるようになると株価暴落につながることもあります。

株価暴落について生成AI（人工知能）アプリの「ChatGPT」に聞いてみると、

1. 株価が短期間で大きく下落すること。数日間で10%以上の下落で暴落とすることが多い

2. 特定銘柄だけでなく市場全体が大幅に下落する場合に暴落と見なされる

3. 市場がパニック状態に陥り、合理的な理由がなくても下落が加速することがある

との答えが返ってきました。妥当でしょう。

図 0-2　リーマンショック時の日経平均株価チャート

　では、投資家は株価暴落とどう対峙すべきでしょうか。**株価暴落は決して頻度が高いわけではないが、不定期に発生するものとして、どんなリスクがあるかを認識しておく必要がある**ものです。そして**投資家は株価暴落が発生することを前提としたリスク管理をしておく必要があります。**

　われわれは社会生活を営むうえで、投資家であっても普通の人であっても、発生頻度は高くないものの発生すると影響の大きなリスクに対して、あらかじめ対策をとって生きています。

　そのリスクにお金が関係する場合には火災保険、生命保険、自動車保険などの保険サービスを利用することもあります。

　その一方で、投資家の中にも、**発生すれば大きなリスクとなる株価暴落への備えができていない**という方がいるのではないでしょうか。　株価暴落は、高い頻度で発生するものではありませんから、

これまで遭遇する機会がなかった、経験がなかったという方も少なくないでしょう。しかし、株価暴落は事後の対応と同じくらい事前の運用法も大切です。図 0-3 に示したはっしゃん式スロートレード法を第 4 章の 285 ページ以降で詳しく紹介しますが、日頃から未来の株価暴落に備えた運用を行うことをおすすめします。

　本書は、戦後の日本の株式市場で実際に起こった 17 の株価暴落と 8 つの個別株暴落について詳しく解説し、株価暴落のリスクとそのリスクに対する対処法について論じています。投資家の皆さんが株価暴落について考える機会として、またいつか発生する株価暴落への備えとして、本書をお手元に置いていただければ本望です。

図 0-3　はっしゃん式スロートレード法のフローチャート

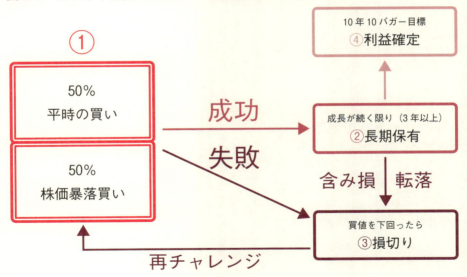

2025 年 1 月　　　　　【株 Biz】勉強会・投資家 VTuber
　　　　　　　　　　　　　　　　　　　　はっしゃん

株の爆益につなげる「暴落大全」　CONTENTS

漫画 … 2
はじめに … 8

第 1 章

【バブル崩壊編】 暴落が「短期」か「長期」かを見分けるには？

日経平均株価下落率ワースト20 … 18

株価暴落File.01
ブラックマンデー … 24
ブラックマンデーで株価はどう動いたか？ 26 ／ブラックマンデーの原因 36 ／ブラックマンデーのあと、どうなったか？ 38

株価暴落File.02
平成バブルの崩壊 … 40
株価暴落と倒産件数・倒産確率の話 49 ／バブル崩壊後の銀行を苦しめた不良債権 52 ／企業倒産は回避すべきかを考える 55

株価暴落File.03
ITバブルの崩壊 … 57
ITバブルの上昇率と下落率 58 ／日本のITバブル崩壊事例 59 ／バブル相場について考える 62

株価暴落File.04
日経平均大量入れ替えショック … 67
大量入れ替えの背景 75

株価暴落File.05

NY同時多発テロの暴落 … 78

NYテロ後の日本市場 79／NY市場の再開と回復 81／暴落の2要素、恐怖と実現した悪材料 82／大成火災の一発退場劇 84／保険会社と大規模災害リスク 85

株価暴落File.06

リーマンショック … 87

リーマンショックの発生要因と日本への影響 89／リーマンショックで破綻した上場企業 92／リーマンショック後の状況 94／株価暴落は10倍株の起点になる① 97

株価暴落File.07

東日本大震災の暴落 … 100

福島第一原発事故と東京電力 101／TOPIXと安値の関係 106／東日本大震災とNTT株の最安値 108／巨大地震と株価暴落のリスク 109

株価暴落File.08

バーナンキショック … 112

市場との対話の重要性 115

株価暴落File.09

ブレグジット（英EU離脱）ショック … 117

ブレグジットには実現した悪材料がなかった？ 121

株価暴落File.10

コロナショック … 123

米国でのコロナショック 126／緊急事態宣言とコロナ変異種の流行 128／コロナワクチンの開発と脅威の後退 136／閉店数からコロナの影響を考える 137／コロナと金利・為替の動向 142／コロナショックと東日本大震災、リーマンショックの比較 143／コロナショックとパラダイムシフト 146／株価暴落は10倍株の起点になる② 147

株価暴落File.11

円キャリートレード巻き戻しショック … 149

株価暴落の背景 150／歴史的な円安と転換点 152／円キャリートレードの巻き戻し 153／ブラックマンデーと円キャリートレード巻き戻しショックの共通点と相違点 154／円キャリートレード巻き戻しショック後の動き 154／株価暴落の2つの要素 155／利上げで株価

が下がる理由 156

株価暴落File.12
岸田ショック・石破ショック … 159
2021年9月〜10月の岸田ショック 159 ／岸田ショック後の日経平均株価 161 ／石破
ショック後の日経平均株価 165 ／岸田ショックと石破ショックの共通点 167

第2章
【高度経済成長期編】 景気の転換点を捉える方法

株価暴落File.13
ドッジ不況（安定不況）の暴落 … 170

株価暴落File.14
スターリン暴落 … 173
朝鮮戦争の特需 174 ／朝鮮戦争後の日本 176

株価暴落File.15
IOSショック … 178

株価暴落File.16
ニクソンショック（ドル・ショック） … 181

ポンドショック … 181
ニクソンショック（ドル・ショック） 182 ／スミソニアン協定とは? 184 ／ポンドショック 185

株価暴落File.17
オイルショック（第一次） … 187
イスラエルと中東戦争の話 190 ／第四次中東戦争とオイルショック 192 ／オイルショック
後の日本 192

第3章

【個別銘柄編】倒産する、復活する、その境目は？

個別株暴落File.01

北海道拓殖銀行の経営破綻 … 196

平成金融危機 197 ／退場銘柄の株価が1円になる確率 201 ／倒産企業の最終株価は1円が84.7% 201 ／倒産銘柄を売却しなかったらどうなるか？ 202

個別株暴落File.02

山一証券の自主廃業 … 204

四大証券の一角はなぜ退場したのか？ 205 ／明らかになった一任勘定取引と損失補填 206 ／明らかになった簿外債務と粉飾決算 207 ／「飛ばし」の簿外債務の総額は2600億円 207 ／総会屋とは？ 208 ／投資家が知っておくべき教訓 209

個別株暴落File.03

光通信20日連続ストップ安 … 211

連続ストップ安の要因 212 ／その後の光通信 215 ／バブル判定ツール「ハイプ・サイクル」 218 ／どんなよい企業の株もバブルで買うと失敗する 223

個別株暴落File.04

りそなショック … 227

りそなショック後のりそなHD 233

個別株暴落File.05

ライブドアショック＋マネックスショック … 235

ライブドアショックが発生 236 ／マネックスショックといえる急落 239 ／ライブドアの株式100分割事件 241 ／東証が売買停止に追い込まれた理由 243 ／ライブドアショック後の日本 244

個別株暴落File.06

日本航空の経営破綻 … 245

日本航空設立までの流れ 246 ／高すぎる給料のせいで破綻？ 248 ／4.5%もの高利回りだった企業年金 250

個別株暴落File.07

エアバッグ・タカタの経営破綻 … 253

エアバッグ死亡事故の背景 254 ／リコールと初動の問題点 256 ／リコール拡大から倒産までの経緯 257 ／車両メーカーの責任 258 ／オーナー企業の創業家リスク 259

個別株暴落File.08

サンバイオショック … 261

ノーベル賞とフェーズ2試験合格 263 ／サンバイオバブル 264 ／サンバイオショック 265 ／バイオ株への投資リスクと社会的な役割 268

第4章

【爆益につなげるメソッド】 暴落時の買い方と「平時」の備え

暴落はなぜ発生したのか 274 ／株価暴落は10倍株の起点になる 280 ／はっしゃん式スロートレード法 285 ／割安成長株の見つけ方・選び方 290 ／株価暴落を爆益につなげるための10カ条 292 ／株価暴落File.からの教訓 294

おわりに … 299

- ●本書の内容の多くは、2025年2月1日までの情報をもとに作成しています。本書刊行後、株価暴落に関するものを含めた金融・投資に関連する法律、制度が改正、または金融機関各社のサービス内容が変更される可能性がありますので、あらかじめご了承ください。
- ●本書は株式の投資情報の提供も行っていますが、特定の投資手法を推奨するもの、その有用性を保証するものではありません。また、個々の金融サービスやその金融商品の詳細については各金融機関にお問い合わせください。
- ●株式投資を含む投資や資産運用には一定のリスクがともないます。投資によって生じた利益・損失について、執筆者ならびに出版社は一切責任を負いません。投資や資産運用は必ず、ご自身の責任と判断のもとで行うようにお願いいたします。

装丁／菊池　祐
漫画／山中正大
DTP制作／㈱キャップス
チャート提供／株Biz　TradingView　**TradingView**
チャート監修／はっしゃん
編集協力／エディマーケット
編集／荒川三郎

第1章

【バブル崩壊編】
暴落が「短期」か
「長期」かを
見分けるには？

図 1-1　日経平均株価下落率ワースト 20

順位	日付	下落率	名称	順位	日付	下落率	名称
1位	1987/10/20	−14.90%	ブラックマンデー	11位	1971/08/16	−7.67%	ニクソンショック
2位	2024/08/05	−12.40%	円キャリートレードショック	12位	2013/05/23	−7.32%	バーナンキショック
3位	2008/10/16	−11.41%	リーマンショック	13位	2000/04/17	−6.98%	日経平均大量入れ替え
4位	2011/03/15	−10.55%	東日本大震災の暴落	14位	1949/12/14	−6.97%	ドッジ不況(安定不況)
5位	1953/03/05	−10.00%	スターリン暴落	15位	2008/11/20	−6.89%	リーマンショック
6位	2008/10/10	−9.62%	リーマンショック	16位	2008/10/22	−6.79%	リーマンショック
7位	2008/10/24	−9.60%	リーマンショック	17位	1953/03/30	−6.73%	スターリン暴落
8位	2008/10/08	−9.38%	リーマンショック	18位	2001/09/12	−6.63%	ＮＹ同時多発テロ
9位	1970/04/30	−8.69%	IOSショック	19位	1972/06/24	−6.61%	ポンドショック
10位	2016/06/24	−7.92%	英EU離脱ショック	20位	1990/04/02	−6.60%	平成バブル崩壊

日経平均株価下落率ワースト 20

　図 1-1 は日経平均株価の下落率ランキングワースト 20 をピックアップしたものです。古くは、1953 年のスターリン暴落から 2024 年に発生した円キャリートレード巻き戻しショック（図のチャート内では円キャリーショックと表記。以下同）まで、戦後 80 年間にさまざまな株価暴落が発生しています。

　それらの株価暴落にも大きさによって違いはあり、戦後最大の株価暴落は 1 日で−14.9% 下げたブラックマンデーです。そして、**1 日で−10% 以上下げた大暴落はこれまで 5 回発生**しています。

- ●−14.90%　ブラックマンデー（1987 年）
- ●−12.40%　円キャリートレード巻き戻しショック（2024 年）
- ●−11.41%　リーマンショック（2008 年）
- ●−10.55%　東日本大震災の暴落（2011 年）
- ●−10.00%　スターリン暴落（1953 年）

　また、株価下落率ワースト 20 を年代別に分類すると次のように

なります。

1940年代：1回　ドッジ不況（安定不況）の暴落
1950年代：2回　スターリン暴落
1960年代：なし
1970年代：3回　ニクソンショックなど
1980年代：1回　ブラックマンデー
1990年代：1回　平成バブル崩壊
2000年代：8回　リーマンショックなど
2010年代：3回　東日本大震災の暴落など
2020年代：1回　円キャリートレード巻き戻しショック

図 1-2　2024年8月発生の円キャリートレード巻き戻しショックはワースト2位の株価暴落

2000年代の株価暴落が8回と突出していますが、実は、このうち6回はリーマンショックによる暴落です。株価暴落は下落率の大

きさのほかに、1つの暴落期間中に何回、大きな株価暴落が発生したかという捉え方もできます。

　株価下落率ワースト20にランクインしている暴落を発生回数でまとめると、リーマンショックが6回と突出して多く、続いてスターリン暴落が2回。ほかは1回限りの単独の株価暴落になっています。

図1-3　ワースト20暴落が何回も発生したリーマンショック

　株価暴落は大きな下げが1回だけやってくるものと思われがちですが、**最大級のものになると何回も繰り返し株価暴落が発生する**とは知っておいたほうがよいでしょう。

　図1-4は、株価暴落とは逆で、日経平均株価の上昇率ベスト10リストです。

　リストをよく見ると、下落率ワースト20とよく似た構成になっ

第1章 【バブル崩壊編】

ていることがわかります。

図1-4　日経平均株価上昇率ベスト10

1位	2008/10/14	+14.15%	リーマンショックのリバウンド
2位	1990/10/02	+13.24%	平成バブル崩壊のリバウンド
3位	1949/12/15	+11.29%	ドッジ不況（安定不況）のリバウンド
4位	2024/08/06	+10.23%	円キャリートレード巻き戻しショックのリバウンド
5位	2008/10/30	+9.96%	リーマンショックのリバウンド
6位	1987/10/21	+9.30%	ブラックマンデーのリバウンド
7位	2020/03/25	+8.04%	コロナショックのリバウンド
8位	1997/11/17	+7.96%	拓銀破綻で悪材料出尽くし
9位	1994/01/31	+7.84%	平成バブル崩壊のリバウンド
10位	2008/10/29	+7.74%	リーマンショックのリバウンド

　これは、いったいどういうことなのでしょう？　実は、**株価の上昇率上位はほぼすべて株価暴落のリバウンド**になっているのです。

　●リーマンショックのリバウンド（3回）
　●平成バブル崩壊のリバウンド（2回）
　●円キャリートレード巻き戻しショックのリバウンド
　●ブラックマンデーのリバウンド
　●コロナショックのリバウンド

　株価暴落の反対はバブル相場ではないのかと思う方もいるかもしれませんが、1日単位の騰落率では、答えはノーです。

　バブル相場のエネルギー源は「期待」なので、一気に急上昇するのではなく、ジリジリと期待値が高まって上げ続ける傾向になります。

　一方で、株価暴落は「恐怖」をエネルギーとします。その多くは、不意打ちでやってくるパニック相場です。売りが売りを呼ぶ展

21

開になり、下げすぎるまで止まりません。

図1-5　上昇率１位はリーマンショックのリバウンド

　そして、株価が極限まで下がって売る人がいなくなり、売り物が切れてくると、下げすぎた株価が反動で一気に戻るリバウンド相場となります。

　従って、**株価暴落のスケールが大きければ大きいほど、リバウンドもまた大きくなります**。これが、株価上昇率ベスト10が株価暴落のリバウンドばかりで構成されている理由です。

　そして、株価上昇率ベスト10が株価暴落のリバウンドで構成されていることがわかっているならば、株価暴落の局面で安易に売ることは、実は、あまり得策ではないことがわかります。
　株価暴落が発生したら、むしろリバウンド相場が来るタイミング

第1章 【バブル崩壊編】

を狙うくらいがちょうどよいかもしれません。

　株価暴落で、もう1つわかっていることがあります。それは、**戻らない株価暴落はない**ということです。長い場合には、相当の年月を必要とすることもありますが、それでも暴落した株価は、いつかは戻ります。

　ただし、戻るのは、あくまでも日経平均株価のような指数であって、**個別銘柄は倒産すると株券は紙くずになって戻りません**ので、その点には注意してください。

■**株価暴落が全戻しまでにかかった時間**
　●平成バブル崩壊：34年
　●リーマンショック：4年6カ月
　●東日本大震災の暴落：1年9カ月
　●コロナショック：6カ月
　●ブラックマンデー：5カ月
　● NY 同時多発テロ：1カ月
　●円キャリートレード巻き戻しショック：24営業日
　●英 EU 離脱ショック：13営業日

　本章では、戦後最大の株価暴落となったブラックマンデーからスタートして、時系列に沿って12の株価暴落について解説していきます。

株価暴落 File.01
ブラックマンデー
[ワースト1位]

発生日：1987/10/20
最大下落率：−14.90%（−3,836.48円）

図 1-6　ブラックマンデー時の日経平均株価チャート

　史上最大の株価暴落として有名なブラックマンデーです。米国時間の1987年10月19日の月曜日に発生したため「ブラックマンデー」と呼ばれていますが、日本市場では1日遅れて、米国市場が暴落した翌日の火曜日に発生しました。

第 1 章 【バブル崩壊編】

ブラックマンデーはわずか 1 日で、

● NY ダウ：−22.6%（−508 ドル）
● 日経平均：−14.9%（−3,836 円）

という大暴落になりました。
　日経平均株価もワースト 1 位の −14.9% の株価暴落でしたが、米国のダウ工業株 30 種平均（以下、NY ダウと表記）の暴落ぶりは、それよりはるかに大きな下落率となっており、実に −22.6% という驚きの数字になっています。

図 1-7　ブラックマンデー前後の NY ダウの株価チャート

　はっしゃん自身は当時、まだ学生でしたので、ニュースで見た程度です。そこで、当時の株価を調べて株価チャートを作り、何が起こったのか紐解いてみることにしました。

25

ブラックマンデーで株価はどう動いたか？

　日本市場の各業界を代表する銘柄の株価チャートから当時を振り返ってみましょう。

　ところで、ブラックマンデーには多くの株価暴落に共通している重要な経験則が当てはまります。それは**米国市場が暴落すると日本市場も暴落する**というものです。

　もちろん、日本だけに固有の株価暴落もありますが、米国市場が暴落した場合は日本市場も連鎖的に暴落する可能性が極めて高いことは覚えておきましょう。

　なお本書では個別銘柄（企業）の名称について、図や囲み記事の中では多くの場合、略称で表記しています。ご了承ください。

積水ハウス　－300円（－15.2％）ストップ安売り気配一本値　建設

第 1 章 【バブル崩壊編】

キリン　ー362円（ー17.2％）ストップ安売り気配一本値　食品

東レ　ー100円（ー11.6％）ストップ安売り気配一本値　繊維

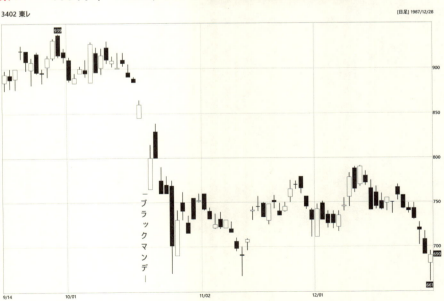

27

信越化　－381円（－19.2％）ストップ安売り気配一本値　化学

タケダ　－454円（－15.1％）ストップ安売り気配一本値　医薬品

第 1 章 【バブル崩壊編】

ブリヂストン　−182円（−15.2％）ストップ安売り気配一本値　ゴム

日本製鉄　−540円（−12.3％）ストップ安売り気配　鉄鋼

コマツ　－95円（－13.7%）ストップ安売り気配一本値　機械

ソニー　－227円（－10.9%）ストップ安売り気配一本値　電機

第1章 【バブル崩壊編】

トヨタ　－300円（－19.1％）ストップ安売り気配一本値　自動車

三菱商事　－200円（－16.4％）ストップ安売り気配一本値　商社

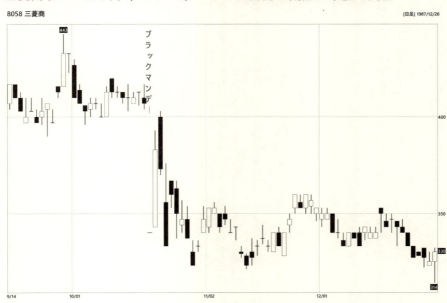

野村證券　－485円（－11.6％）ストップ安売り気配一本値　証券

三井不動産　－381円（－18.8％）ストップ安売り気配一本値 不動産

第1章 【バブル崩壊編】

NTT －1275円（－8.9％） 通信

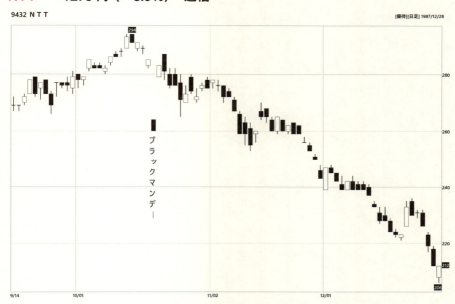

東電 －971円（－15.2％）ストップ安売り気配一本値 電力

ブラックマンデーでは、業種に関係なく、ほとんどの銘柄がストップ安売り気配となり、そのまま取引を終えました。そして、多くの銘柄の株価がストップ安のみの一本値となっています。

　一本値とは、ローソク足が漢字の「一」に見える状態で、始値・高値・安値・終値がすべて同値になり、取引時間中に一度しか売買の成立した価格がなかったケースです。ブラックマンデーでは、終日ストップ安売り気配になったことで一本値が多くなりました。

　ブラックマンデーでピックアップした異なる業種の15社のうち、日本製鉄とNTT（日本電信電話、以下同）を除いた13社がストップ安売り気配の一本値になっていることがわかります。そして、当時はまだ上場から日が浅く、一番の人気銘柄でもあったNTTを除いた14銘柄がストップ安で取引を終えています。

　また、一本値という株価チャートからわかるように、暴落の一方で実は出来高が少ないことから、株価暴落に買い向かった人はほとんどいなかったことがわかります。

　株価暴落は裏を返せば買いチャンスの局面でもあり、通常は出来高が大きく膨らむもの（出来高をともなった暴落は**セリング・クライマックス**と呼ばれます）なのですが、**ブラックマンデーは出来高が少ない異常な暴落**となっています。さて、なぜでしょうか。

　実は、NYダウと日経平均の下落率の差にヒントがあります。

●NYダウ：－22.6％（－508ドル）
●日経平均：－14.9％（－3,836円）

図1-8　ブラックマンデーの日経平均株価チャート

　ブラックマンデーの日経平均の下落率（-14.9%）は、NYダウの下落率（-22.6%）と7.7%もの差があり、前にピックアップした15社でもそれらの下落率を平均すると-15%前後になります。

　日本市場にはブラックマンデー当時から、ストップ安・ストップ高という株価の値幅制限ルールによって1日の下落幅に制限がありますが、当時のNYダウには値幅制限がありませんでした。

　そして、値幅制限のある日本市場と値幅制限のないNYダウの下落率の差が、ブラックマンデーという株価暴落の局面にあって日本株のさらなる下落余地・先安感を生じさせ、株価がストップ安になっても買いがほとんど入らなかった理由と推測されます。

　従って、ブラックマンデー当時の日本株の下落率はストップ安の値幅制限が何パーセントだったかで、たまたま決まっただけということなのです。

ちなみに、ブラックマンデーを契機として、NYダウにもサーキットブレーカーと呼ばれる値幅制限システムが導入されましたので、ブラックマンデーのような大暴落は、1日ではもう起こらないと言われています。

　ブラックマンデーは、教訓として永遠に史上最大の株価暴落の地位を維持し続ける可能性が高いでしょう。

 ## ブラックマンデーの原因

　史上最大の株価暴落となったブラックマンデーですが、実は、原因がはっきりしていません。ただし為替相場の急変動（ドルの急落）との関連が認められています。

　当時の米国は双子の赤字と呼ばれていた財政赤字と貿易赤字に苦しめられていました。対策として、それまで1ドル200〜250円程度だったドル円相場をプラザ合意（1985年9月）によって各国がドル売り介入を実施してドル安にシフトさせます。ところが今度はドル安が止まらなくなってしまい、1986年後半には1ドル150円前後まで一気に円高ドル安が進行します。

　そこで今度は、ドル安を食い止める目的でルーブル合意（1987年2月）が図られましたが、それでもドルが下げ止まらず、ブラックマンデーを誘発した1987年10月には1ドル140円台となり、1987年12月に1ドル120円割れまで急落したあと、ようやく反転しました。

　同様に株価もブラックマンデー後も続落していましたが、為替が反転してドル高に転じると底入れしています。

第 1 章 【バブル崩壊編】

図 1-9　プラザ合意〜ブラックマンデー前後のドル円チャート

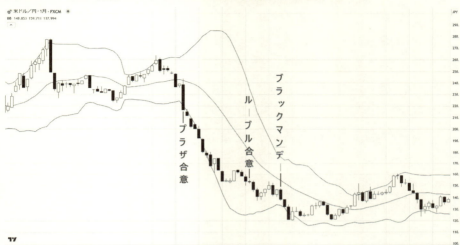

　このように、株価暴落の背景には、為替変動があることが少なくありません。特に、基軸通貨であるドルがドル高からドル安（円から見ると円安から円高）に転換する局面で多くの株価暴落が発生していることは知っておいたほうがよいでしょう。

> ■ドル安と連動した株価暴落の例
> ●ブラックマンデー（1987 年）
> ●リーマンショック（2008 年）
> ●コロナショック（2020 年）
> ●円キャリートレード巻き戻しショック（2024 年）

　もちろん、ドル安に転じる局面で必ず株価暴落が発生するわけではありませんが、困難を承知のうえで経験則を導くと**ドル高からドル安に転じる局面では株価暴落の発生リスクがある**とは言えるでしょう。

ブラックマンデーに限らず、株価暴落の多くは予測が困難なものです。例外として、東日本大震災やコロナショックのような災害系の株価暴落があります。これらの災害による株価暴落は予測できても、災害そのものの発生の時期については予測困難です。

　例えば、2024年12月の時点では南海トラフ地震や首都直下型地震の発生時期を予測することは困難です。でも、もし地震が発生したら株価暴落の可能性が高いことはわかりますね。

　当たり前のことですが、簡単に予測が可能であるならば、暴落というショック事態にはなりえません。予測できないからこそ株価暴落は発生するのです。

　株価暴落は予測できないということを投資家として知っておきましょう。

 ## ブラックマンデーのあと、どうなったか？

　ブラックマンデーの翌日にNYダウが反発すると、日本市場でも多くの銘柄が反転上昇し、逆にストップ高となるなど、株価も急回復していきました。しかしながら、暴落後にすぐ暴騰するというほど単純な終わり方ではなく、1カ月以内にほとんどの銘柄が、ブラックマンデー時の安値を何回か更新するなど、為替相場が落ち着くまでは不安定な状況が続きました。

　先にピックアップした15銘柄のうち1カ月以内に安値を更新しなかったのは、日本製鉄と東京電力の2銘柄のみですから、**株価暴落があった場合は慌てて買うよりも冷静に2番底を狙うほうが賢い選択かもしれません。**

　そして、ブラックマンデーから半年後には、日経平均株価も全値回復となり、そこから1989年12月の平成バブルの頂点に向けて

日本株の史上最大のバブル相場が始まることになります。

図 1-10　ブラックマンデー前後の日経平均株価チャート

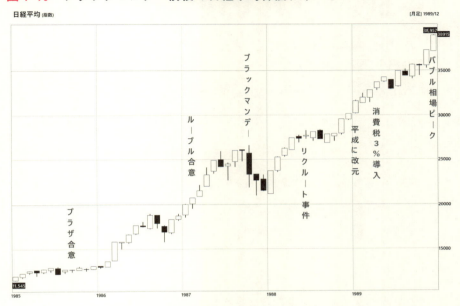

> **教訓**　株価暴落は予測できない。理由がないのに大きく下げることもある。理由が見つからない場合はその後、株価が急回復するケースもあるが、理由が判明するまで株価が不安定になることもある。
>
> **対処法**　為替変動に注意を払う。特に基軸通貨ドル売りは世界的な株安につながることもある。中でも、ドル高からドル安に転換する局面では株価暴落リスクが発生しやすい。

株価暴落 File.02

平成バブルの崩壊

[ワースト20位]

発生日：1990/04/02
最大下落率：−6.60%（−3,836.48円）

　日経平均株価は1989年12月29日大納会の日に3万8957.44円のバブル高値を付けたあと、暴落しました。このバブル崩壊の過程で発生した最も大きな株価暴落は、1990年に限ると4月2日の−3836.48円（−6.60%）でした。

図1-11　平成バブル崩壊前後の日経平均株価チャート

第 1 章 【バブル崩壊編】

　ただし、この昭和から平成にかけて形成されたバブル（本書では平成バブルと呼びます。以下同）は、ほかのバブルや株価暴落とは異なり、非常にスケールの大きなものです。

　バブル当時、米国をしのいで日本株の時価総額は世界一を誇り、次ページの図 1-12 に示したように時価総額ランキング上位企業のほとんどが日本企業によって独占されていました（ちなみに 2024 年 12 月現在では 1 社も入っていません）。

　平成バブルの大底を求めるとすれば、それがワースト 20 位の 1990 年の株価暴落というのでは、少し違和感があります。

　例えばファンダメンタルズで見ると、バブルのツケで発生した銀行の不良債権処理にメドがついた 2003 年 5 月りそな銀行の国有化（りそなショック）が 1 つの候補となるでしょう。

　また、テクニカルで底値を求めるとすれば、バブル崩壊後の最安値として、2008 年 10 月のリーマンショック安値が候補となるでしょうか。

●平成バブル高値（1989 年）
　38,957.44 円
●りそなショック時の安値（2003 年）
　7,603.76 円（高値比：−78.84%）
●リーマンショックの安値（2008 年）
　6,994.90 円（高値比：−80.54%）

41

図 1-12　バブル当時の世界株式時価総額ベスト 20

順位	企業名	時価総額（億ドル）	国・地域名
1	NTT	1,639	日本
2	日本興業銀行	716	日本
3	住友銀行	696	日本
4	富士銀行	671	日本
5	第一勧業銀行	661	日本
6	IBM	647	アメリカ
7	三菱銀行	593	日本
8	Exxon	549	アメリカ
9	東京電力	545	日本
10	Royal Dutch Shell	544	イギリス
11	トヨタ自動車	542	日本
12	General Electric	494	アメリカ
13	三和銀行	493	日本
14	野村證券	444	日本
15	新日本製鐵	415	日本
16	AT&T	381	アメリカ
17	日立製作所	358	日本
18	松下電器	357	日本
19	Philip Morris	321	アメリカ
20	東芝	309	日本

※ STARTUPS JOURNAL 記事「平成最後の時価総額ランキング。日本と世界…その差を生んだ 30 年」（2019 年 7 月 17 日）より引用

第1章 【バブル崩壊編】

図1-13　バブル崩壊〜全値戻しの日経平均株価の年足チャート

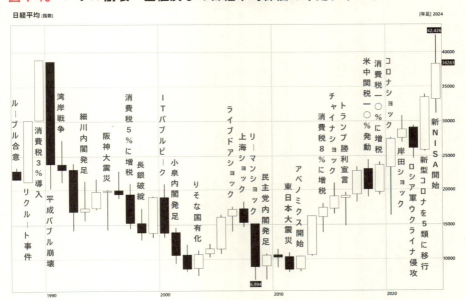

　それぞれ15年、20年も先に大底があるスケールの大きな話になりますが、バブルが崩壊してから日経平均株価が2024年2月に全値戻しを達成するまでに、実に34年もかかっているのですから、長い話になるのも仕方のないことです。

　では、なぜバブルの大底を15年も20年も先に求めるのかという話をしていきます。といっても、平成バブルについて書かれた本は、それこそ無数にありますから、令和の暴落大全である本書は、まず倒産した企業件数にスポットを当てて分析したいと思います。
　次ページの図1-14のグラフは、バブル崩壊前の1988年から2024年までの上場企業の倒産件数の推移です（株Biz【倒産確率Web】／はっしゃん調べ）。

43

図 1-14　上場企業の倒産件数の推移

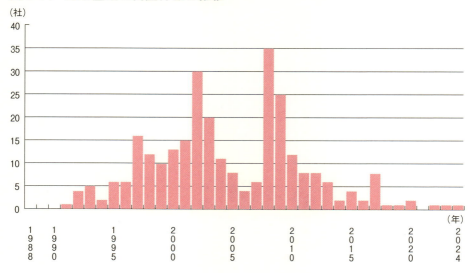

グラフからは、バブル崩壊後、ただちに上場企業の倒産が急増したわけではなく、崩壊から時間が経過するにつれて少しずつ増加していったことがわかります。

以下が 1988～2024 年に倒産して上場廃止になった企業のリストです。銘柄（企業）名の多くは株式投資の銘柄表記の際に使われる略称になっています。ご了承ください（以下同）。

■**倒産した上場企業リスト（1988～2024 年）**

1988 年（0 社）
なし

1989 年（0 社）
なし

1990 年（0 社）
なし

1991 年（1 社）
マルコー

1992 年（4 社）
ロイヤル建
第一紡
レック
アイペック

1993 年（5 社）
ミタチ電
光洋機
ハニックス
にっかつ
テーエスデ

1994 年（2 社）
新日本
東海

1995 年（6 社）
北海炭
オリ写真
日本データ
兵庫銀

第1章 【バブル崩壊編】

兵銀ファクタ
センコー産

1996年（6社）
フェニックス電（ヘリオス）
太平洋銀
阪和銀
日榮
エクイオン
オリンピック

1997年（16社）
多田建
東海興
大都工
日東ライフ
理化学電
東食
函館網
京樽
ヤオハン（MV東海）
拓銀
徳陽シティ銀
オールコーポ
三洋証
五十鈴建
アイジーエス
雅叙園

1998年（12社）
モリショー
淺川組
国土開発
大同コン
ヤハギ
テスコン
大倉商
ロンシャン
日本長期信用銀行
日本債券信用銀行
第一コーポ
三井埠

1999年（10社）
ピコイ
カブトデコム
アイコー
佐々木硝

コムソン
日興電
なみはや銀
東京相和
新潟中銀
山一証券

2000年（13社）
ナガサキヤ
興国鋼
東洋製
川崎電気
赤井電
藤井
そごう
長崎屋
日貿信
ライフ
エルカクエイ
第一ホ
マルトミ

2001年（15社）
サワコー
ナナボシ
冨士工
青木建
エルゴテック
新潟鉄
池貝
大倉電
富士車
ハルヤマチェ
ベターライフ
フットワク
寿屋
マイカル
大成火災

2002年（30社）
宝幸水
藤木
佐藤工
日産建
大日土
古久根
ニッセキハ
殖産住

雪印食
ケイビー
テザック
イタリヤード
加工紙
ハクスイテク
日重化
日立精
住倉工
寿工業
イセキ開発
ナカミチ
北部通信
イズミ工
ニコニコ堂
フーズネット
段谷産
第一家電
そうご電
ファースト
京神倉
北の家族

2003年（20社）
大和建
共栄冷機
森本組
タカラブネ
Mリンクス
神戸糸
南海毛
福助
世界長
酒井鉄
大江工
日本コーリン
デジキュー
宝船
マツヤデン
あしぎんFG
道振興
セザール
マツモト電器
サリ

2004年（11社）
東北エンター
環境建設

45

大木建
佐藤秀
ムービー TV
安治鉄
栗村製
丸石自
ニッソー
ジェネラス
キャッツ

2005 年（8 社）
利根地下
勝村建
松村組
ゼクー
サンビシ
55 ステ
LSI カード
本間ゴルフ

2006 年（4 社）
ハザマ
アドテックス
シントム
ユニココーポ

2007 年（6 社）
みらい建 G
クインランド
IXI
NOVA
マキ製作所
クレディア

2008 年（35 社）
キョーエイ
松本建工
オリエ白石
真柄建
新井組
井上工
スルガコーポ
あおみ建
山崎建設
三平建設
アリサカ
ジェネシス
ニイウスコー

L クリエイト
トスコ
富士 Bio
アスキー S
グレース
プロデュース
太洋興業
ダイア建
URBAN
ゼファー
ディックス K
モリモト
ダイナシティ
創建ホーム
シーズクリエ
リプラス
Human
レイコフ
ノエル
ランドコム
ニューシティ
トランスデジ

2009 年（25 社）
PH
東新住建
平和奥田
アゼル
旭ホームズ
CFI
アプレシオ
中央コーポ
オリカ
ZENTEK
セタ
SES
春日電
シルバオクス
トミヤアパ
中道機
小杉産
ロプロ
SFCG
ジョイント
日綜地所
クリード
パシフィック
エスグラント

ライフステジ

2010 年（11 社）
TCB
エイペックス
エフオーアイ
シルバ精
アーム電子
ネステージ
武富士
コマーシャル IE
大和システム
JAL
ラ・パルレ

2011 年（8 社）
リンク・ワン
OPENIF
DEX
インネクスト
中小信
セイクレスト
サンシティ
トラステ HD

2012 年（8 社）
クレスト IV
塩見 HD
サクラダ
エルピーダ
シコー
山水電
NIS
C&IHD

2013 年（6 社）
総和地所
インデックス
東カソード
ビジョンメガ
ワールドロジ
クロニクル

2014 年（2 社）
駿河屋
インスパイア

2015 年（4 社）

第1章　【バブル崩壊編】

太陽商会	タカタ	
第一汽	フードプラ	2021年（0社）
スカイマーク	天竜木	なし
江守HD	RHインシグ	
		2022年（1社）
2016年（2社）	2018年（1社）	テラ
タスコ	海洋掘削	
石山GWH		2023年（1社）
	2019年（1社）	プロルート
2017年（8社）	シベール	
モリシタ		2024年（1社）
郷鉄工	2020年（2社）	日本電解
レイテックス	レナウン	
YOZAN	Nuts	

株Biz【倒産確率Web】／はっしゃん調べ。破綻処理された年と株式が上場廃止になった年が異なっている銘柄もあります。

　上場企業の倒産が最初のピークを迎えたのは1997年から1998年です。この頃は北海道拓殖銀行（以下、拓銀）や山一証券、日本長期信用銀行（以下、長銀）などが不良債権問題から破綻して金融危機が発生しました。

　その次に、さらに倒産件数が増えたのが2002〜2003年です。このときも同様に銀行の不良債権問題がぶり返して合併や統合が進み、2003年にはりそな銀行が国有化されました。

　その後、倒産件数はいったん減少に転じました。しかし、2008年にリーマンショックが発生すると再び倒産件数が急増してしばらく尾を引いていました。

　その後は2017年に少し増加したのを最後に、ほとんど倒産は発生しなくなりました。

■上場企業の年間倒産件数（1988〜2024年）

1988年　0件	1992年　4件
1989年　0件	1993年　5件
1990年　0件	1994年　2件
1991年　1件	1995年　6件

1996 年　6 件	2011 年　8 件
1997 年 16 件　拓銀、山一証券破綻	2012 年　8 件
1998 年 12 件　長銀、日債銀破綻	2013 年　6 件
1999 年 10 件	2014 年　2 件
2000 年 13 件	2015 年　4 件
2001 年 15 件	2016 年　2 件
2002 年 30 件	2017 年　8 件
2003 年 20 件　りそな国有化	2018 年　1 件
2004 年 11 件	2019 年　1 件
2005 年　8 件	2020 年　2 件　コロナショック
2006 年　4 件	2021 年　0 件
2007 年　6 件	2022 年　1 件
2008 年 35 件　リーマンショック	2023 年　1 件
2009 年 25 件	2024 年　1 件
2010 年 11 件	

　はっしゃんは少なく見ても 2002 年の 30 社倒産をピークにした 2006 年頃までの倒産ラッシュはバブル崩壊の影響だと考えます。

　そして影響をより幅広く見た場合には、2008 年のリーマンショックによる 35 社の倒産にもバブルの影は残っていると考えます。

　バブルの残滓から、ほぼ解き放たれたのが 2018 〜 2019 年頃で、それを完全克服できたのは 2024 年だと考えます。

　事実、2020 年のコロナショックでは、その影響の大きさと比較して倒産件数は限定的でした。そして、コロナショックの傷が癒えた 2024 年になって、日経平均株価はようやく平成バブルの高値を奪還しました。

　異次元金融緩和を続けていた日本銀行（以下、日銀）も、2024 年 3 月にゼロ金利を解除して 0.1% へ引き上げることができました。2024 年 7 月には 0.25% へと追加利上げを行いました。

　令和の世になって、ようやくバブルの亡霊は完全に消えたということです。

第1章 【バブル崩壊編】

 ## 株価暴落と倒産件数・倒産確率の話

　ここで上場企業の倒産件数を掘り下げておきましょう。まず、37年間の倒産件数は285件となっており、1年あたりの倒産件数は平均7.7件になります。

　この期間の平均上場企業数は3500社程度になりますので、1社あたりの倒産確率（1年間あたり）は単純平均で0.22%となります。

・7.7社÷3500社＝0.22%

　1社1年間あたりの倒産確率が0.22%と聞くと、少し安心感を覚える方もいるかもしれません。確率的にはとても低いように感じますね。でも、実は、この数字は決して低い数字ではありません。

　なぜならば、倒産確率は投資した期間や投資した企業数と比例して上昇していくものなのです。

● 1社1年間あたりの倒産確率：0.22%
● 1社10年間あたりの倒産確率：2.2%
● 10社10年間あたりの倒産確率：22.0%
● 20社20年間あたりの倒産確率：88.0%

　1社に10年間投資を続ければ、倒産確率は10倍の2.2%になりますし、1社ではなく10社に投資すれば、その中から倒産が発生する確率もまた10倍になります。そして、20社に20年間投資したとすると、20年間で1社でも倒産する確率は88%まで上昇します。

　20年という期間には何回か株価暴落が発生していることでしょう。そのときに投資先企業がどういう状況であるのか。場合によっ

49

ては倒産してしまっている可能性を数字は示しています。

　また、規模の大きい企業に投資していても安心することはできません。倒産企業リストには、誰もが名前を知っているような大企業も含まれています。

●にっかつ（1993年）
●山一証券（1997年）
● JAL（2010年）

　また、グラフからは倒産件数が特定期間に集中する傾向があることがわかります。特にバブル期の不良債権の問題で金融機関が連鎖破綻した1997 〜 2004年とリーマンショックの2008年以降で急増していますが、そのほかの期間は減少しています。

　さて、これらの平均倒産件数や倒産確率は、未来の予測にも適用すべきでしょうか。

　前にも述べたように、倒産件数の大部分は平成バブルの崩壊後、その影響が強く残る時期に集計されています。従って、バブルの影響から完全に脱却した2024年以降には適用しなくてもよいという考え方も可能といえば可能です。

　一方で、バブル崩壊や企業倒産は規模の大小はあれど、一定の確率で発生しているもので、同じ数値を適用しておくべきという考え方もできます。

　例えば、リーマンショックは日本発の株価暴落ではありませんでした。米国のリーマンブラザーズ証券が破綻したことが主因の外的要因での金融危機でした。それにもかかわらず日本のバブル崩壊後と同水準の企業倒産が発生しているのですから、例外ではなく、企業倒産はどの時期もほぼ同じ程度の確率で繰り返されているものとも言えます。

第 1 章 【バブル崩壊編】

　最後に日経平均株価の年足チャートに企業の倒産件数と倒産件数の棒グラフを書き込んだチャート（図1-15）を見てみましょう。**株価暴落で株価が下がれば下がるほど、倒産件数が増えている**ことがわかります。

　もちろん、個別企業で考えれば、**倒産リスクが高まるほど、株価は下落する**ものですから、これは当たり前です。

　そして**株価暴落は投資リスクが極限まで高まり、多くの企業の株価が同時にかつ大幅に下落することで発生**します。

　もしも**株価暴落が発生した場合には、企業倒産リスクや倒産確率が通常の時期と比べて大きく増加している**と言えるのです。

図 1-15　日経平均株価の年足チャートと年間倒産件数

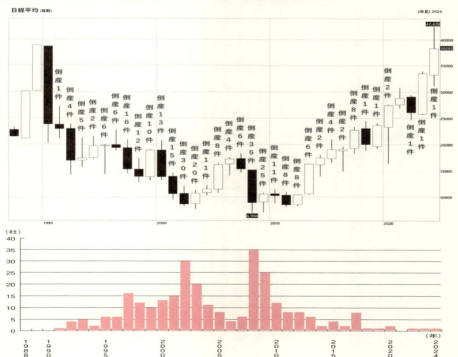

51

そして、**株価暴落は絶好の買いチャンスであると同時に、最も倒産リスクが高まったときである**とも言えます。

数字上の株価が下がっているだけではなく、その裏で株価が下がった個別企業が倒産する確率も上昇していることは決して忘れないでください。

願わくば、倒産リスクのないバブル崩壊や株価暴落が来てほしいものですが、残念ながら現実は厳しいものなのです。

バブル崩壊後の銀行を苦しめた不良債権

最近、投資を始めた人の中には「不良債権」という言葉を初めて聞いた人もいるかもしれません。世の中が不良債権にあふれていた頃には、とてもよく聞いた言葉でしたが、最近はあまり聞かなくなりました。

不良債権とは、銀行が融資した資金（債権）が不良化したもので、債権の元本や利息の支払いが受けられなくなったり、これから受けられなくなる可能性が高くなったものを指します。

銀行業は、企業や個人に資金を貸し付けて、利子とともに元本を回収して利益を上げるビジネスモデルです。そして、個人よりも規模の大きい企業に対して、大きな資金を融資すればするほど大きな利益を得ることができます。

平成バブルが崩壊するまでは、世の中は好景気でしたので、企業に対して巨額な融資がずさんな審査で行われていました。

第 1 章 【バブル崩壊編】

●債権先の区分
①正常先、②要注意先、③破綻懸念先、④実質破綻先、⑤破綻先
※不良債権になるのは、④実質破綻先と⑤破綻先

　例えば、不動産会社Ｓが土地を担保に1000億円の融資を受けて商業施設を建設する計画をＴ銀行に持ち込んでいるとします。商業施設が完成すれば、毎年の利益から100億円ずつ返済し、10年で借入金を返済できる計画でした。Ｔ銀行は、計画を承認して融資を実行します。
　その後、商業施設は予定通りに完成し、オープンしました。初年度は、計画通りに売上も上がってきて、利益も計画通りに計上できていました。
　平成バブル時には、日本全国でこのようなプロジェクトがたくさん進行していました。しかし、活気あふれる好景気は過熱して、いつしか実態を超えたバブル景気となり、さらにどんどん膨らんで

いき、最後には弾(はじ)けてしまいました。

　バブルが弾けた結果、T銀行が融資を引き受けた商業施設は2年目からは売上が半減して、赤字に転落してしまいました。
　S不動産は、いずれ景気は回復すると判断して、商業施設の営業を続行します。このときは、まだ利子は滞りなく支払われていました。
　しかし、5年経過しても景気は好転せず、商業施設は赤字を垂れ流し続けて、ついにS不動産の資金も底をついてしまいます。
　S不動産は、再びT銀行を訪れて、追加の運転資金や改装費用として新たに1000億円の融資を依頼します。
　このときはT銀行内でも、ここで不動産会社から資金を引き上げるか、それとも追加融資をして助けるかで意見が対立しました。なぜなら、バブルが崩壊してから5年が経過し、T銀行でも融資が焦げ付いて不良債権となるケースが出始めていたからです。結局、今回は追加融資を決定し、さらに1000億円を拠出しました。

　とはいえ10年経ってもバブル崩壊から景気が回復することはあ

第1章 【バブル崩壊編】

りませんでした。そして、S不動産からは商業施設の存続は困難であるとして、民事再生法を申請したいという連絡が入りました。それは倒産の手続きの一種です。民事再生法によって融資の一部が免除されることで会社を再建したいということなので、T銀行にとっては大きな損失です。

結局、T銀行はS不動産への融資2000億円のうち、1500億円を不良債権に分類することになりました。

このように、倒産企業が増えるということは、金融機関の融資が回収不能となり、不良債権が増えるということです。そして、あまりにも不良債権が増えすぎてしまうと、銀行そのものが債務超過となってしまい、存続できなくなってしまいます。

バブル崩壊後、上場企業の倒産件数が徐々に増加し、銀行が破綻したり、吸収合併されたり、一時国有化されたりしたのは、このようなバブルのツケである不良債権が次々と発生し、それを処理していった結果でもあるのです。

 ## 企業倒産は回避すべきかを考える

では、倒産は社会的に回避されるべきものでしょうか。

必ずしもそうとは限りません。もちろん、**大地震やコロナ禍のような避けようのない災害型の倒産は、回避されるべき**だと思います。

では、不祥事や不況型の倒産はどうでしょうか。

はっしゃんは、**倒産は社会的使命を終えた企業や、優位性が後退して非効率になった企業を淘汰し、次の新しい時代に進むための必**

要悪だと考えています。

　それは、新しい企業の芽を伸ばし、自由競争の健全性を証明する指標の1つでもあるからです。

　倒産企業にも社員がいて、顧客がいて、そして株主がいますが、不要な企業を延命させるほうがむしろ国民全体にとっては不幸といえるでしょう。もちろん、セーフティーネットは必要です。

　あなたは倒産を免れた非効率な企業がゾンビ企業のように生き残り、既得権益を貪っている社会に投資したいと思いますか。

　それよりも、非効率な企業が淘汰されて新しい企業へと置き換わり、社会をどんどん変革していく——そんな公正な自由競争が機能している社会のほうに投資したいと思うのではないでしょうか。

　投資家は、澄んだ目で企業価値を見定めて、不要な企業に対しては「No!」と判断できるべきです。そして投資先企業がこれから日本や世界をよくする企業なのかどうか、社会から必要とされている企業なのかどうかについて、よく知っておかないといけません。

　企業に投資することと同様に、投資した企業を「No!」と判断することもまた投資家にとっては大切な仕事です。

教訓　一国の経済すべてを飲み込んだバブルが崩壊するとその影響は甚大で、株価暴落を含む低迷が10年20年続くこともある。実体経済の低迷をともなう株価暴落では企業倒産が続出するので注意。ただしバブルがいつ崩壊するかは誰もわからない。

対処法　バブル崩壊は一朝一夕で終わらないので暴落直後がすぐに買いチャンスにはならない。バブル崩壊で発生した不良債権の処理や倒産企業の出尽くしを注意深く見守る。バブル崩壊後に再び経済が上向きに転じたところは絶好のチャンスになる。

第 1 章 【バブル崩壊編】

株価暴落 File.03

ITバブルの崩壊
[ワースト13位、ワースト18位]

発生日：2000/04/17、2001/09/12
最大下落率：−6.98%（−1,426.04円）、
　　　　　　−6.63%（−682.85円）

図 1-16　ITバブル崩壊前後の日経平均株価チャート

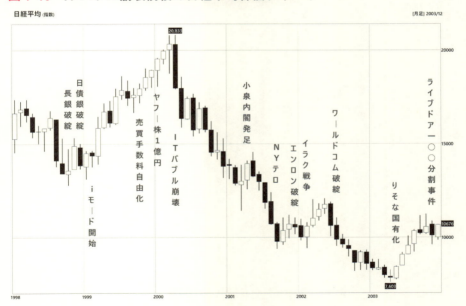

　ITバブルは2000年頃にピークを迎えた米国のナスダック市場を中心としたバブルで、米国ではIT企業やインターネット企業の株価が暴騰し、日本でも同様のバブルが発生しました。
　ITバブルは、インターネットバブル、ドット・コム（.com）バ

57

ブルなどとも呼ばれましたが、インターネット環境が社会に普及していく過程で、従来型の社会システムがネットシステムに置き換わることを市場が急速に織り込んでいったことで発生しました。

そこには、やや過剰な夢と期待が存在していました。

米国ハイテク株のバブル崩壊だったため、最も打撃を受けたのは米国の新興株の株価を指数化したナスダック総合指数でした。

図 1-17　IT バブル崩壊前後のナスダック総合指数の株価チャート

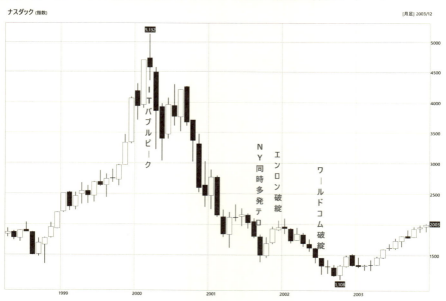

IT バブルの上昇率と下落率

- IT バブル前の日経平均株価安値
  12,787.90 円（1988 年 10 月）
- IT バブルの日経平均株価高値

20,833.20円（2000年4月）　上昇率　＋62.91%
● ITバブル後の日経平均株価安値
9382.95円（2001年9月）　下落率　−54.96%

　ITバブル崩壊は、その始まりがちょうどワースト13位の日経平均大量入れ替えショックと重なり、約1年半下げ続けた大底がワースト18位のNY同時多発テロとなっており、2つの株価暴落を含んでいるという特徴があります。ただし、この2つの株価暴落は、それぞれ別のメカニズムも加わって発生した面がありますので、別々の株価暴落File.扱いとして、ここではITバブルの崩壊にフォーカスして解説します。

 ## 日本のITバブル崩壊事例

　まず、個別銘柄の事例として、日本を代表する4銘柄のITバブル時の株価暴落を紹介します。その4銘柄はソフトバンクグループ、ソニーグループ、LINEヤフー（当時はヤフー）、楽天グループの4社です。このうち、戦後にスタートしたソニーを除いた3社には、ITバブル前後に上場した新興企業という共通点があります。

　そして、4社の株価はいずれもITバブルで大きく上昇してピークを迎えたあと、バブルの崩壊で株価は大暴落することになります。

　ITバブルのピーク付近では、当時まだ新興企業だったソフトバンクグループが時価総額でトヨタ自動車を上回ったり、ヤフー（現在のLINEヤフー）が分割考慮前の株価で1株1億円を突破したりするなど象徴的な出来事がありました。

ITバブル崩壊で暴落　ソフトバンクグループ

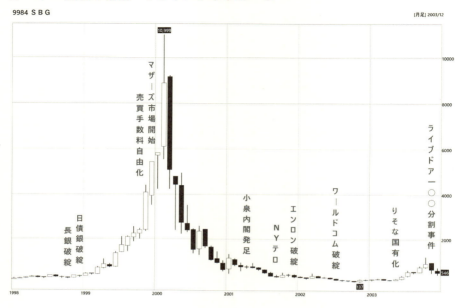

ITバブル崩壊で暴落　ソニーグループ

第1章 【バブル崩壊編】

ITバブル崩壊で暴落　LINEヤフー

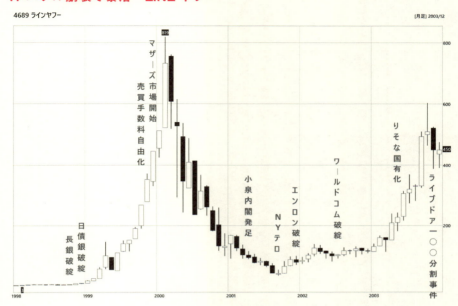

ITバブル崩壊で暴落　楽天グループ

4社のITバブルの頂点までの上昇率とバブル崩壊後の下落率をまとめると次のようになります。

●ITバブルでの上昇率
　ソフトバンクG：＋11,728.0%　　LINEヤフー：＋4,105.0%
　ソニーグループ：＋1,112.0%　　楽天グループ：＋491.1%
●ITバブル後の下落率
　ソフトバンクG：−98.7%　　LINEヤフー：−95.6%
　ソニーグループ：−95.4%　　楽天グループ：−94.8%

　上昇率、下落率ともバブル相場らしい、すさまじい数字です。
　ちなみに、ITバブル安値の底で買っていたら、どうなっていたかも示します。いずれも10倍以上になっています。
　バブル崩壊後の安値は買いチャンスであると言えますね。

●ITバブル安値からの上昇率（2024年12月末現在）
　ソフトバンクG：＋6,604.3%　　LINEヤフー：＋1,097.1%
　ソニーグループ：＋2,087.6%　　楽天グループ：＋1767.3%

 ## バブル相場について考える

　画期的な発明をきっかけに、革命的な進化が起こり、**社会の仕組みや生活インフラ、私たちの行動様式がそれまでと大きく変わることがあります**。このような現象をパラダイムシフトと呼び、**新しい企業が短期間で巨大化したり、株式市場ではバブル相場になったり、個別株に10倍株、100倍株が出現したりします**。

第1章 【バブル崩壊編】

　ITバブルは、まさしくインターネットが登場したことによるパラダイムシフトでした。振り返ってみると、ITバブル時には今、紹介した4社をはじめ、多くのプレイヤー（主に新興企業）が生まれました。しかし、残念ながら期待外れに終わって消えていったプレイヤーもたくさん存在しました。

　そして、前述したように**バブル崩壊の底値で買っておくと株価10倍を狙えるのは、一部の勝ち組企業だけ**だという点には注意してください。

　バブル当時の雰囲気はどうだったかというと、とにかく「インターネットという、すごい発明で社会が変わる！」という話が先行していました。しかし具体的に何がどう変わるのか、それが企業や消費者にどのような利益をもたらすのかについて、まだまだよくわかっていなかったものでした。

　はっしゃん自身も、ITバブル当時は、エンジニアとしてIT系上場企業に在籍していました。当時、バブルの中にいるという認識こそ社内で共有されていましたが、具体的なところはまだピンと来ていなかったように思います。

　当時のエピソードの1つとして、「インターネットを使って新しいサービス分野に参入する」という具体的な内容がほとんどない薄っぺらいプレスリリース1枚で株価がストップ高になる勤務先企業を目の当たりにして「市場って少しバカだよな」と社内で同僚と笑い合っていた記憶があります。自分たちも理解が浅かったのですが。

　誰もがまだよくわかっていないがゆえに、市場の期待が行きすぎる傾向になること。**その過剰な期待の結果、バブル相場が発生する**というわけです。

63

そして 2024 年 12 月現在、AI（人工知能）の相場にも似たものを感じますが、これがバブルかどうかは終わってみないとわかりません。AI 相場も初期の IT バブルと同様に、話題が先行している傾向にあります。生成 AI という、すごい発明で社会が大きく変わるのは間違いなさそうだが、具体的に何がどう変わるのか、それが消費者や企業にどれだけの利益をもたらすものなのかについては、まだよくわかっていない状況だと思います。

現時点で米国オープン AI 社の生成 AI ソフト「Chat GPT」の普及や米国高速半導体メーカー、エヌビディア（NVDA）の躍進で盛り上がる AI 相場の行く先ははっきりしません。まだ本当のところは誰もわかっていないはずですが、仮にバブル化しているとしても、それを承知で AI 関連企業の株がどんどん買われていくのも、また株式市場です。

●エヌビディアと AI 関連のイベント

2022 年 3 月　エヌビディアが生成 AI 向け「H100 GPU」発表

2022 年 11 月　オープン AI 社が「ChatGPT」を公開

2023 年後半　エヌビディアが「H100 GPU」出荷開始

2024 年 6 月　エヌビディアがマイクロソフトを抜いて時価総額世界一に

2024 年 10 月　エヌビディアがアップルを抜いて再び時価総額世界一に

2025 年 1 月　中国の新興企業ディープシークが超低コストで高性能な AI モデルを開発したことで、エヌビディアなど米国 AI 関連株が急落

第1章 【バブル崩壊編】

米国エヌビディア（NVDA）

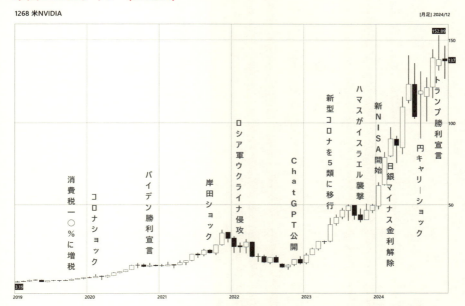

なぜなら、これから先、日本や世界をよくする可能性の高い企業に投資して応援することは、投資家にとって本能のようなものであり、社会から投資家に求められている役割でもあるからです。

そして、バブルが発生するかもしれないような、大きな時代の変化と対峙する局面で、これから必要とされる新しい技術に挑戦する企業の価値を高め、資金を融通していくのも株式市場が持つ大切な役割なのです。

ある意味、投資家がリスクを取って資金を投じるからこそ、新しい企業が育ち、社会が変わっていくとも言えるでしょう。

もちろん、バブル相場は極めてハイリスクですから、参加するのも参加しないのも各自の自由です。

ちなみに、バブル相場はそのピーク後の株価暴落がセットになっているからこそ、バブルと呼ばれます。膨らんだ泡が弾けなかった

場合には、バブルとは呼ばれません（それは、普通の上昇相場です）。

従って「これはバブルだ」とか「バブルが来るぞ」というのは「株価暴落が発生するぞ」と言っているのと同じ意味になります。

バブルに参戦している投資家はその後の株価暴落も想定して、撤退戦略も立てたうえで割り切って参加しています。

繰り返しになりますが、今がバブル相場かどうかは誰にもわからないのであれば、参加しなければよいだけです。

間違っても**バブル相場に「知らないうちに参加してしまっていた」ことにならないよう、最低限の知識は身に付けておきましょう**。

教訓　画期的な発明や新技術の普及はバブルを生みやすい。新たな時代への過剰な期待がバブルを生み、株価10倍株を輩出するので大儲けできるチャンスでもある。バブルが来たら撤退戦略も立てたうえで「バブルに乗る」のも1つの考え方。

対処法　過剰な期待で膨らんだバブルが崩壊してしまったあとはバブル当時の花形株には安易に手を出すべきではない。株価が反転するのは一部の勝ち組企業のみであり、当初は勝ち組・負け組の見分けがつかない。発明や新技術によって具体的に世の中がどう変わっていくか注視する。

第 1 章 【バブル崩壊編】

株価暴落 File.04

日経平均大量入れ替えショック

[ワースト13位]

発生日：2000/04/17

最大下落率：−6.98%（−1,426.04 円）

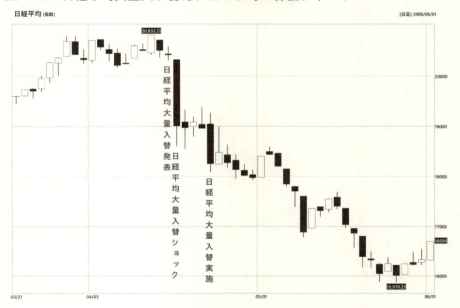

図 1-18 　日経平均大量入れ替えショック時の株価チャート

　ITバブルがピークを迎えていた2000年4月14日の取引終了後、日経平均株価の構成銘柄が30銘柄も入れ替えられることが日本経済新聞社から発表されました。通常、日経平均株価の定期的な

67

構成銘柄入れ替えは３銘柄程度までになっていることから、異例の大量入れ替えでした。

また、入れ替え実施日は１週間後の４月21日と発表されたため、発表から実施までの１週間で日経平均株価が－10.6％も暴落する事態となりました。

このとき暴落したのは、入れ替え対象銘柄のみという特殊なものです。

■ 2000 年日経平均大量入れ替え銘柄

採用された 30 銘柄	除外された 30 銘柄
〈2914〉 日本たばこ産業	〈1331〉 ニチロ
〈4452〉 花王	〈1501〉 三井鉱山
〈4505〉 第一製薬	〈1503〉 住友石炭鉱業
〈4523〉 エーザイ	〈2108〉 日本甜菜製糖
〈4543〉 テルモ	〈2601〉 ホーネンコーポレーション
〈6762〉 TDK	〈3104〉 富士紡績
〈6767〉 ミツミ電機	〈3403〉 東邦レーヨン
〈6781〉 松下通信工業	〈4022〉 ラサ工業
〈6857〉 アドバンテスト	〈4064〉 日本カーバイド工業
〈6952〉 カシオ計算機	〈4092〉 日本化学工業
〈6954〉 ファナック	〈4201〉 日本合成化学工業
〈6971〉 京セラ	〈4401〉 旭電化工業
〈6976〉 太陽誘電	〈4403〉 日本油脂
〈6991〉 松下電工	〈5105〉 東洋ゴム工業
〈7211〉 三菱自動車工業	〈5302〉 日本カーボン
〈7270〉 富士重工業	〈5331〉 ノリタケカンパニーリミテド
〈8035〉 東京エレクトロン	〈5351〉 品川白煉瓦
〈8183〉 セブン-イレブン・ジャパン	〈5479〉 日本金属工業
〈8264〉 イトーヨーカ堂	〈5480〉 日本冶金工業
〈8267〉 ジャスコ	〈5563〉 日本電工
〈8302〉 日本興業銀行	〈5632〉 三菱製鋼
〈8319〉 大和銀行	〈5721〉 志村化工
〈8321〉 東海銀行	〈5805〉 昭和電線電纜
〈8355〉 静岡銀行	〈5981〉 東京製綱
〈8403〉 住友信託銀行	〈6461〉 日本ピストンリング
〈8404〉 安田信託銀行	〈8061〉 西華産業
〈8753〉 住友海上火災保険	〈8088〉 岩谷産業
〈9020〉 東日本旅客鉄道	〈8236〉 丸善
〈9433〉 KDDI	〈9065〉 山九
〈9437〉 NTT ドコモ	〈9302〉 三井倉庫

第1章 【バブル崩壊編】

　入れ替え対象銘柄が暴落した理由は、日経平均株価の入れ替えに
ともなって、

●採用銘柄の買い

●除外銘柄の売り

　という取引が活発化することになったからです。このような値動
きは、定期的な銘柄入れ替えでも個別に発生していましたが、30
もの銘柄（構成225銘柄の13.3%に相当します）が一度に入れ替
えられることになったため、影響が大きくなりました。

●入れ替え発表前（4/14）：20,434円

●入れ替え発表後（4/17）：19,008円（−6.98%）　−1,426.04円

●入れ替え実施日（4/21）：18,252円（−3.73%）　−706.64円

　同じ期間のTOPIX（東証株価指数）が−1.18%の小幅な下落にと
どまったことと比較しても、この暴落が日経平均株価の入れ替え銘
柄を対象とした特殊なものだったことがわかります。

TOPIXの日経平均大量入れ替えショック時の株価推移

●入れ替え発表前　（4/14）：1,653.70

●入れ替え発表後　（4/17）：1,552.46（−6.12%）　−101.24

●入れ替え実施日　（4/21）：1,634.12（−1.18%）　−19.58

図 1-19　日経平均大量入れ替えショック時の TOPIX の株価チャート

　実際に入れ替え対象となった採用銘柄と除外銘柄の対照的な株価チャートを見てみましょう。

●除外銘柄の例

　日本化学　　3,200 円→ 2,150 円　－32.81％（－1,050 円）

　東洋ゴム　　326 円→ 248 円　　－23.92％（－78 円）

　ノリタケ　　2,800 円→ 1,955 円　－30.17％（－845 円）

　東京製綱　　1,540 円→ 1,210 円　－21.42％（－330 円）

採用銘柄の例

　TDK　　　　887 円→ 1,077 円　　＋17.64％（＋190 円）

　ファナック　1,980 円→ 2,700 円　＋36.36％（＋720 円）

　東京エレク　4,533 円→ 6,217 円　＋37.14％（＋1684 円）

　KDDI　　　 1,850 円→ 2,350 円　＋27.02％（＋500 円）

第１章 【バブル崩壊編】

除外銘柄　日本化学　3200円→2150円 −32.81％（−1050円）

除外銘柄　東洋ゴム　326円→248円 −23.92％（−78円）

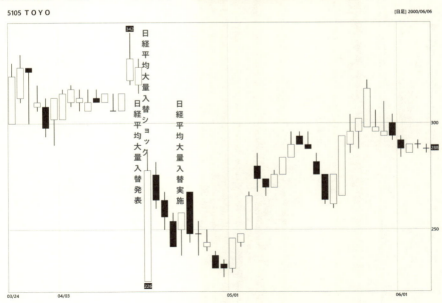

71

除外銘柄　ノリタケ　2800円 → 1955円　−30.17%（−845円）

除外銘柄　東京製綱　1540円 → 1210円　−21.42%（−330円）

第1章 【バブル崩壊編】

採用銘柄　TDK　887円 → 1077円 ＋17.64%（＋190円）

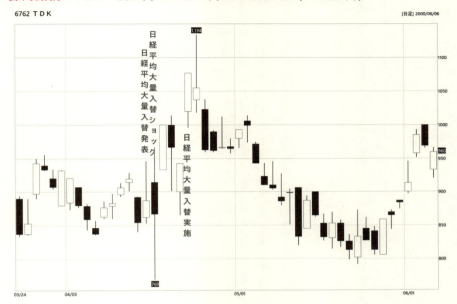

採用銘柄　ファナック　1980円 → 2700円 ＋36.36%（＋720円）

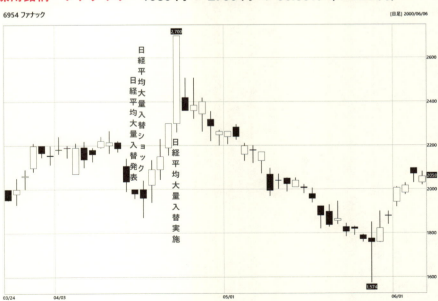

73

採用銘柄　東京エレクトロン　4533円 → 6217円 ＋37.14%（＋1684円）

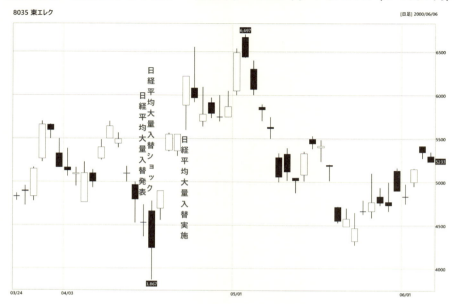

採用銘柄　KDDI　1850円 → 2350円 ＋27.02%（＋500円）

除外銘柄が1週間で−20%〜−30%の株価暴落になったのに対して、採用銘柄は＋10%〜＋30%の株価暴騰です。

　さらに、入れ替え実施後の値動きをよく見ると、これまで先回り買いされていた（ため割高になっていた）新規採用銘柄が売られてしまう一方で、先回り売りされていた（ため割安になっていた）除外銘柄のほうは、むしろ株価が反転して上昇傾向になったこともわかります。

　このような指数への採用と除外に絡んだ株価の値動きは、そこに注目しないとわかりませんが、実は常に発生しています。

　ですので、この点だけに注目した場合には、割高な指数採用銘柄はあまり買わないほうがよく、割安になった指数除外銘柄のほうが買いチャンスになることも短期的には少なくありません。

　もっとも、新規に採用される銘柄には将来が期待されている有望株が多く、除外される銘柄の中には今後の成長期待がしぼんだ斜陽株もありますので、中長期的に見れば判断は異なるでしょう。

 ## 大量入れ替えの背景

　日経平均株価は、各業界を代表する225銘柄から構成されていますが、ITバブル期には、その銘柄構成が問題視されました。

　当時の日経平均株価は、IT銘柄（主に電機や情報通信業、サービス業）の組み入れ比率が低く、従来型の製造業が中心となっていたためです。これらの銘柄群はオールドエコノミーとも呼ばれ、人気化して株価が上昇傾向だったIT銘柄と比べて株価が低迷しており、日経平均株価が低迷を続ける原因とされていました。

そこで、30銘柄もの大量入れ替えをすることになったわけですが、タイミングの悪いことに入れ替えの実施とほぼ同時期にITバブルがピークを迎え、多くの新規採用銘柄が下げることになってしまいました。

　そのため、日経平均株価は、バブルに乗った割高な位置にあるIT株がバブル崩壊後に下げる直前に新規に組み入れることになり、逆に売られすぎで割安な状態にあるオールドエコノミー株が反転上昇する前のタイミングで除外することになってしまいました。

　その後は、30銘柄もの大量入れ替えは実施されていませんが、現在でも1〜3銘柄程度が定期的に入れ替えられており、採用銘柄が買われて除外銘柄が売られる動きは継続しています。

　もう1つ注意が必要な点は、このような銘柄入れ替え前後の株価変動で指数が少しずつ歪められているという事実です。

　一度に30銘柄もの大量入れ替えがあったので、株価暴落が顕著になった形ですが、3銘柄の入れ替えを10回実施しても実際のインパクトは同じです。

　そして、このような指数構成銘柄の入れ替えによる取引の歪みで、それぞれの個別株に投資した投資家には利益や損失が出る一方、インデックスに投資していた投資家はその入れ替えのコストを負担していることになります。もちろん、インデックス投資にはこのようなデメリットを補うに十分なメリットがあるので、これをもってインデックス投資が否定されることはありません。

　入れ替えショックからの教訓は、インターネットのような革命的な技術革新があると、日経平均株価が構成銘柄を大量に入れ替える必要に迫られるなど、これまでの前提条件となるルールが変わるほ

第1章 【バブル崩壊編】

どの影響をおよぼすということです。

　これは株式市場に限ったことではありません。例えば、投手と打者の二刀流で米国MLBに挑戦した大谷翔平選手は、DH制のある米国において投手として投げながら打者としても打席に入ることができる大谷ルールを勝ち取りました。

　ルール変更は災害に関連した事例でも多く、東日本大震災後には原子力損害賠償支援機構法が制定されたほか、原発に対する新安全基準が設けられました。コロナショックでは、緊急事態宣言が発令されて一般市民の行動が制限されました。これはコロナウイルスが感染法上で新しい「新型インフルエンザ等感染症」に分類されたことによるものです。

　株価暴落に限っても、ブラックマンデー後にNY市場でサーキットブレーカーが登場したり、ライブドアの株式100分割事件をきっかけに株式分割のルールが変わったり、光通信の20日連続ストップ安後に値幅制限の拡大措置が設けられた例もあります。

　株価暴落の影響の大きさを測る1つの指標として、暴落前後でどれだけ世の中の仕組みやルールが変わったか、パラダイムシフトが発生したかで考えてみると今後の参考になるでしょう。

教訓　株価指数のテクニカルな問題で発生する暴落もまれに発生する。保有する銘柄が指数に組み入れられているかどうかを知らない場合、暴落の理由がわからないので注意が必要。
対処法　指数から除外されたことで暴落した株の中には売られすぎの割安株もあるので底値買いのチャンスになることもある。株価指数の仕組みや構成銘柄についても、ある程度知っておいたほうがいい。

株価暴落 File.05

NY同時多発テロの暴落
[ワースト18位]

発生日：2001/09/12
最大下落率：−6.63%（−682.85円）

　2001年9月11日に発生したニューヨーク（以下、NY）同時多発テロは、はっしゃんが株式投資に取り組んできた中でも、恐怖を覚えた数少ない場面として、今でもはっきりと記憶に残っています。

　日本市場が終わり、夜のテレビで経済番組として人気があったテレビ東京の『ワールドビジネスサテライト』を見ていたときでした。

　2機の旅客機が相次いでNYのワールドトレードセンタービルに突っ込むという映像が流れてきました。ビルからは炎や煙が立ち上り、逃げ惑う人々の姿が映し出されました。

　続いてペンタゴン（アメリカ国防総省の本庁舎）にも旅客機が突入したという写真が映されました。さらに、何機かの旅客機がハイジャックされて消息不明となっており、ホワイトハウスに向かっているという情報も入ってきます。

　まもなく、旅客機が突っ込んだワールドトレードセンタービルが黒煙を上げて炎上して2棟とも倒壊。多数の犠牲者が出たであろうことは容易に想像がつきました。

第 1 章 【バブル崩壊編】

NYテロ後の日本市場

　結局、テロ後のニューヨーク株式市場（以下、NY市場）は終日取引停止となり、嫌な気分のまま朝を迎えます。翌9月12日水曜日の朝、日本市場がスタートしました。
　しかし、あまりにも想定外すぎる状況に、
「え、本当に取引をするの？」
「取引停止が妥当では？」
「取引しても損するだけじゃないの？」
　という絶望感すら感じていました。

　さらに、この日はなんと「値幅制限が通常の半分」という条件が付いて取引が開始されました。はっしゃんがこれまで長く投資してきた中でも、値幅制限半分ルールが適用されたのは、この日だけです。

　ちなみに金融商品取引法に基づき、証券取引所には値幅制限の変更を含む特別措置の権限が与えられています。特別措置の発動条件は、
1. 市場の極端な混乱
2. システムの安定性確保
3. 投資家保護
　となっています。NY同時多発テロ直後の日本市場は、投資家心理が大きく動揺することが予想されたため、株価の極端な変動を防止する目的で値幅制限が通常の半分に引き下げられました。多くの投資家が恐怖を感じた、この暴落がワースト18位でとどまったのは値幅制限を半分とした特別措置のおかげかもしれません。

79

図1-20　NY同時多発テロ前後の日経平均株価チャート

　NY同時多発テロの暴落では、ほとんどの銘柄が通常の値幅制限の半分という条件付きではあるものの、朝からストップ安売り気配となり、そのまま取引が終了しました。

- NYテロ前：09/11　10,293円
- NYテロ後：09/12　9,610円　−683円（−6.63％）
- 全値回復：10/09　10,347円

　ほぼすべての銘柄がストップ安になったというブラックマンデーを未経験の自分にとっては初めての体験で、まさに修羅場の1日となりました。

第1章 【バブル崩壊編】

NY市場の再開と回復

　NY市場が再開したのは翌週の2001年9月17日月曜日から。再開直後は7%超の暴落でしたが、2カ月ほどで全値を回復しました。

図1-21　NY同時多発テロ前後のNYダウの株価チャート

● NYテロ前：09/10　9,605.51ドル
● NYテロ後：09/17　8,920.70ドル　−685ドル（−7.12%）
● 全値回復：11/09　9,608.00ドル

　NYテロの最終的な犠牲者は約3000名。「9.11」と呼ばれるようになった、このテロを境に世界は少し変わり、テロ組織との戦争がクローズアップされ始めました。

81

- ●アルカイダ
- ●タリバン
- ●イスラム国
- ●ハマス
- ●ヒズボラ

　テロ組織の多くはイスラム原理主義者です。彼らには、彼らの正義があるのです。西側諸国が植民地支配を通じて人々を苦しめてきた歴史的な経緯もあり、彼らから見た資本主義国家は欲深い豚のように見えているのでしょう。このときほど、異なる価値観を理解し、認めることの大切さを感じたことはありません。

 ## 暴落の2要素、恐怖と実現した悪材料

　日本市場もNY市場の再開とともに、少しずつ落ち着きを取り戻していきました。そして、NY市場よりも一足早く1カ月後には、テロ前の株価水準を回復しています。

　NY同時多発テロやブラックマンデーからの教訓は、**株価暴落では慌てて行動せず、嵐が過ぎるのを待つのも選択肢**だということです。

　NY同時多発テロの株価暴落を「恐怖」と「実現した悪材料」で考えた場合、当初感じた恐怖と比べて、市場への影響は極めて限定的でした。

　株価暴落は株式市場があまり予想してこなかった**悪材料の発生**によって引き起こされます。

そして、発生した悪材料に対する**投資家の心理的な反応**が暴落の速度や大きさにつながります。

悪材料がサプライズ（驚き）であればあるほど、暴落当初の株価の下落は激しくなります。

投資家の心理的な反応は、当初ちょっとした疑念や懸念から始まり、不安や憂慮に拡大し、やがて実際に株価が急落して売りが売りを呼ぶ展開になると恐怖や絶望にまで発展していくのです。

ただ**暴落がどれぐらい深刻で長期間続くものになるかを決めるのは最終的には実現した悪材料のほう**です。

突如発生した悪材料が具体的にどれぐらい実体経済や企業業績、金融・信用動向、株式市場に深刻な影響を与えるかという物理的な度合いによって暴落の長さや深刻さは決まります。

だからこそ、平成バブル崩壊や50年に1度の金融危機と言われたリーマンショックなど、実体経済に与えた悪材料が大きな暴落ほど長引きました。

その反対にNYテロやブラックマンデーの暴落は一時的なものに終わり、すぐにリバウンド上昇が始まりました。

要約すると、

■暴落の2要素
- ●恐怖（心理的要素）
- ●実現した悪材料（物理的要素）

■2要素の働き
- ●悪材料による心理的な衝撃が大きいほど暴落は急激になる
- ●実現した悪材料が深刻で実体経済に大きなダメージを与えるほど暴落は長期間続く

という「仮説」を立てることができるかもしれません。

恐怖（心理的要素）と実現した悪材料（物理的要素）の関係をもう少し補足すると、恐怖の背景には短期的な需給要因が存在しています。

そして、発生した悪材料が想定外であるほど、買いポジションを解消する動きが大きくなるなど需給が大きく逆回転することになり、暴落の衝撃は大きくなります。

一方で暴落が発生した直後には、実現した悪材料は確定していません。それらが実際にどのような影響を与えるかが判明するには一定の時間を必要とするからです。

従って、**暴落の最初期には短期的な需給が株価暴落を先導し、そのあとから徐々に物理的な要素が解明され、織り込まれていく**ことになります。

株価暴落のメカニズムをこのように「恐怖」と「実現した悪材料」に分けて仮説を立てて考えることで、より理解しやすくなり投資判断にも役立つことでしょう。

 大成火災の一発退場劇

NYテロから2カ月余りが経過した2001年11月21日。日経平均株価はすでにテロ前水準を回復しており、当時の財閥系（古河グループ）損保会社・大成火災の株価は400円ほどでした。

翌朝の22日、同社はNYテロの再保険の支払いによる債務超過転落を発表し、突然、会社更生法を申請します。

その後、同社の売買は終日停止となって、2カ月後の11月23日からは整理ポストに割り当てられるという、まさに一発退場になりました。

第1章 【バブル崩壊編】

　大成火災の株価は翌日からストップ安で売り気配のまま値が付かない状態となり、2001年11月27日に5円で寄り付きましたが、最終的には1円で終了しました。
　NYテロの影響の大きさを物語るエピソードの1つですが、青天の霹靂(へきれき)の一発退場劇でした。

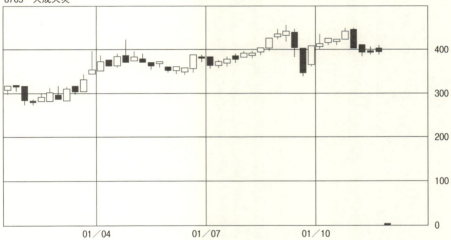

図 1-22　NY同時多発テロで破綻した大成火災

 保険会社と大規模災害リスク

　大成火災の退場は、保険会社の支払リスクを示す事例の1つです。無限責任の保険契約では、想定外の大規模災害発生時において、会社存続が不可能となるような支払義務発生リスクもありうるということです。

　ただし、通常の保険契約では、テロや戦争、地震、津波、噴火な

85

どは免責となるため、大規模災害＝保険会社破綻と単純にはならないようです（考えてみれば、当たり前ですが）。

　例えば、東日本大震災は、死者不明者1万5000人以上とNYテロの5倍超の大災害ですが、保険会社の破綻は発生していません。

　大成火災の破綻は、利益追求目的でリスクバランスの不適切な再保険契約を慣例として継続してしまった結果だと推測されます。

教訓　テロや戦争による暴落は、実現した悪材料が世界経済に甚大な被害をおよぼさない場合、すぐ反転上昇するケースも多い。慌てないことが重要。

対処法　テロや戦争の背景にある異なる価値観の衝突について理解を深める。値動きや雰囲気で売買せず、その背景を理解したうえで行動するようにする。

第 1 章 【バブル崩壊編】

株価暴落 File.06

リーマンショック
[3位、6位、7位、8位、15位、16位]
発生日：2008/10/08,10/10,10/16,10/22,10/24,11/20

最大下落率：最大－11.41％（－1,089.02円）

図 1-23　リーマンショック時の日経平均株価チャート

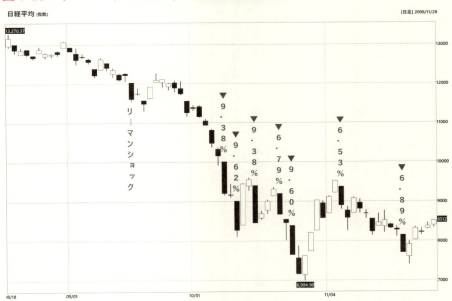

　リーマンショックは、株価下落率ワースト20にランクインする暴落を6回も記録しており、影響の大きさでは戦後最悪の株価暴落です。戦前の世界恐慌（1929年）との比較で小恐慌と呼ばれることもあり、50年に1回発生するかどうかレベルの大暴落です。

2008年9月15日。米国リーマンブラザーズ証券の破綻をきっかけとして、のちにリーマンショックと呼ばれる暴落が始まります。

図1-24　リーマンショック時のNYダウの株価チャート

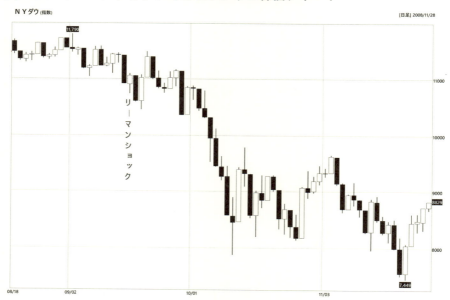

リーマンブラザーズの破綻前の2008年8月末には1万3072円だった日経平均株価は、リーマンブラザーズが破綻した9月末には1万1259円と－1800円（－13.9％）も下げ、これが暴落の序章となります。

さらに、月が替わって10月3日には1万938円まで下げて1万1000円割れ。週足で大陰線となった次週（10月6日〜11日の週）には1週間で－24.3％もの下げとなり、日経平均株価は1万円の大台を割り込み、8276円を付けました。

10/6（月）　10,473円　－465円（－4.25％）
10/7（火）　10,155円　－317円（－3.03％）

10/8（水）	9,203 円	－952 円	（－9.38%）
10/9（木）	9,157 円	－45 円	（－0.50%）
10/10（金）	8,276 円	－881 円	（－9.62%）

　その後、日経平均株価はいったん反発しますが、すぐにまた大きな下げが連続してやってきます。

10/16（木）	8,458 円	－1,089 円	（－11.41%）
10/22（水）	8,674 円	－631 円	（－6.79%）
10/24（金）	7,649 円	－811 円	（－9.60%）
10/27（月）	7,162 円	－486 円	（－6.36%）

　日経平均株価は1カ月半ほどで半値近くの水準まで暴落し、反発後も1万円前後の水準で2年余りの底ばいを続けたあと、悪いことは重なるもので、2011年には東日本大震災の発生という悪夢が続きました。
　リーマンショック時の最安値は2008年10月28日の6994円。これがバブル崩壊後の最安値にもなっており、まさに記録的な株価暴落でした。

リーマンショックの発生要因と日本への影響

　リーマンショックは、米国のサブプライムローンの焦げ付きから発生したもので、その仕組みはやや複雑です。
　サブプライムローンとは、米国の信用度の低い借り手（貧困層）向けの住宅ローンのことです。住宅市場の過熱を背景に2000年代の米国で普及していきました。サブプライムでは、ローン開始当初

の金利こそ低めに設定されているものの、次第に返済金額が大きくなっていく仕組みになっています。そのため、返済金額が大きくなってきた2006年末頃には返済が不能になる人が増えていき、ローン会社が倒産するなどのサブプライムローン問題が発生しました。

■米国の住宅バブル崩壊のメカニズム

1. 好景気で米国の不動産や住宅価格が上昇
2. 銀行やローン会社がサブプライムローンを販売
3. 格付け会社がサブプライムローン債権の一部にAAA（トリプルA、最も高い信用格付け）評価を付与
4. AAAのローン債権をデリバティブ化して世界中に大量販売
5. 長期金利が上昇し、サブプライムローンの変動金利も連動
6. 債務者がサブプライムローンを返せなくなり不良債権化
7. 住宅価格、ローン債権が暴落し、関連会社が連鎖破綻
8. ドルが暴落して超円高（2008年12月には1ドル80円台突入）で日本経済に大打撃

そして、2007年8月にはフランスのBNPパリバが傘下の米国住宅ローン債権絡みの投資信託の解約を凍結したことでサブプライムローン問題の混乱に拍車がかかります。この「パリバショック」は、リーマンショックの前震のような位置づけです。

●パリバショック
　−406.51円（−2.37%）
●サブプライムショック
　−874.81円（−5.42%）

図 1-25　パリバショック前後の日経平均株価チャート

　パリバショック以降、サブプライムローンの関連商品に買い手が付きにくく、現金化が困難な状態となりました。これがローン債権に投資していたリーマンブラザーズ証券の破綻につながり、リーマンショックという世界的な金融危機を引き起こしました。

　リーマンブラザーズの問題は、当初は巨大金融機関という影響の大きさから救済措置がとられるという見方が大勢でしたが、実際には米国政府によって救済されなかったことで市場に不安が広がり、企業にお金が出回らなくなる信用収縮が深刻化していきました。

　ちなみに、リーマンブラザーズ証券の負債総額は約64兆円で2024年12月現在でも史上最大です。2024年度の日本の国家予算112兆円と比べても、その大きさがわかると思います。

　一方で、日本の銀行や証券会社は、サブプライムローンへの投資が比較的少なかったこともあり、影響は限定的でした。従って、日

本へのリーマンショックの影響はサブプライムローン債権という直接的なものではなく、不動産価格の急落や信用収縮、1ドル80円台まで急激に進んだドル暴落による円高不況、さらには株価暴落によるものが大きかったと言えるでしょう。

そして、リーマンショックが円高不況として残ったことで、その影響は震源地の米国より、むしろ日本のほうが長く続きました。

 ## リーマンショックで破綻した上場企業

リーマンショック前後には日本企業にも倒産が急増しました。それは、上場企業についても同様で、平成バブル崩壊後よりも短期間に多くの上場企業が倒産しています。倒産した業種を見ると、建設や不動産が多いという特徴があります。

これは、リーマンショックの震源が住宅ローンや不動産だったこともあり、日本でも不動産価格が急落した影響が大きかったと言えるでしょう。

不動産や住宅建設業界は、土地や不動産を仕入れて再開発したり、ビルや住宅を建設して販売するビジネスモデルです。そのため、仕入れから販売までの間に相当の時間を必要とします。また、多くの企業は借金をして土地や不動産を購入しています。なぜなら、たくさん借金をして多くの土地や不動産を購入したほうが、売却したときの売上や利益も大きくなるからです。

しかし、仕入れから販売までの間に土地や不動産の価格が急落してしまうと、販売しても赤字になる事態が発生してしまいます。最悪の場合は、値下がりした住宅や不動産を売っても借金を返せない債務超過という状態に陥るケースもあります。

平成バブルでも土地神話が崩壊し不良債権化して多くの企業が倒

第 1 章 【バブル崩壊編】

産しましたが、リーマンショックで再び起こったというわけです。

図 1-26　リーマンショック前後で破綻した上場企業

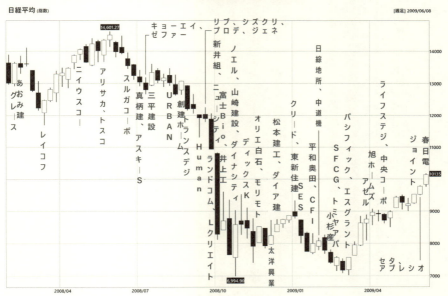

　図1-26のチャートは、2008年2月から2009年6月にかけてのリーマンショック前後に経営破綻した企業を時系列に並べて株価チャートと合成したものです。週足チャートになっていますが、毎週ほぼ途切れることなく上場企業が倒産していったことがわかります。

　株価暴落では、その影響次第で、相当数の上場企業が同時期に連鎖的に破綻することがあるということは知識として知っておいたほうがよいでしょう。

■リーマンショック破綻企業リスト 55 社

2008/02/12　グレース　　　　　　2008/04/30　ニイウスコー
2008/02/19　あおみ建　　　　　　2008/05/27　アリサカ
2008/03/21　レイコフ　　　　　　2008/05/30　トスコ

93

2008/06/24 スルガコーポ	2008/11/26 オリエ白石
2008/07/05 真柄建	2008/11/28 モリモト
2008/07/11 アスキーS	2008/12/08 太洋興業
2008/07/18 キョーエイ、ゼファー	2008/12/15 松本建工
2008/07/24 三平建設	2008/12/19 ダイア建
2008/08/13 URBAN	2009/01/09 クリード、東新住建
2008/08/26 創建ホーム	2009/01/16 SES
2008/09/01 トランスデジ	2009/01/30 平和奥田、CFI
2008/09/19 Human	2009/02/05 日綜地所、中道機
2008/09/24 リプラス	2009/02/16 小杉産
2008/09/25 ジェネシス	2009/02/23 SFCG
2008/09/26 シーズクリエ、プロデュース	2009/02/26 トミヤアパ
2008/09/29 ランドコム	2009/03/10 パシフィック
2008/10/03 Lクリエイト	2009/03/12 エスグラント
2008/10/08 新井組	2009/03/30 アゼル
2008/10/09 ニューシティ	2009/04/09 旭ホームズ
2008/10/14 富士Bio	2009/04/24 ライフステジ、中央コーポ
2008/10/16 井上工	2009/05/29 ジョイント
2008/10/30 ノエル、山崎建設	2009/06/03 セタ
2008/10/31 ダイナシティ	2009/06/05 アプレシオ
2008/11/14 ディックスK	2009/06/12 春日電

　リーマンショック当時は最終的に破綻しなかった企業であっても、危ないと見なされた企業は株価が50円や100円を大きく割り込むなど、実質破綻と見なされる株価水準まで売り込まれました。そのため、投資家にとっても非常に厳しい状況が続くことになりました。

リーマンショック後の状況

　リーマンショックは、1929年の世界恐慌に次ぐ金融危機でしたが、比較的短期間で回復した点で世界恐慌とは異なります。

●米国の場合

　NYダウはリーマンショック後の2009年2月が大底となり、そ

の後は急反発に転じて4年後の2013年1月にはリーマンショック前の高値を更新しました。

そしてその後も、2020年のコロナショックなどいくつかの株価暴落を挟みながら15年以上も株価上昇が続いています。

図 1-27　リーマンショック以降のNYダウの株価チャート

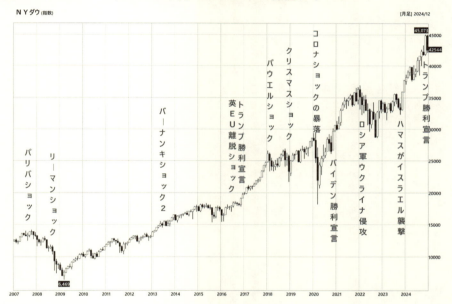

NYダウはリーマンショック当時の7000ドル割れから2024年12月末現在では4万2500ドル台へと6倍超に上昇しました。

● **日本の場合**

日本の株価は、リーマンショック後も円高不況や2011年の東日本大震災の影響を受けて低迷が続きました。

また、政治的にも混乱のあった時期で、リーマンショック後の2009年には自民党が選挙で大敗し、民主党政権が誕生しました。しかし、国民からの支持を継続することができず、2012年末には

民主党から自民党へと再度の政権交代が起こりました。その後、就任した安倍晋三首相のもとで「アベノミクス」と名付けられた金融緩和、財政出動、成長戦略を3本の矢に見立てた経済政策が開始されました。

その政策に沿った形で日銀が「異次元緩和」と呼ばれる超低金利施策をとったことでドル円相場は円高から円安にシフトしていき、円高不況を克服した日本企業の株価も底入れしました。それでも、リーマンショック前の水準を回復するまでには5年を要しました。

図1-28　日経平均株価の50年チャート

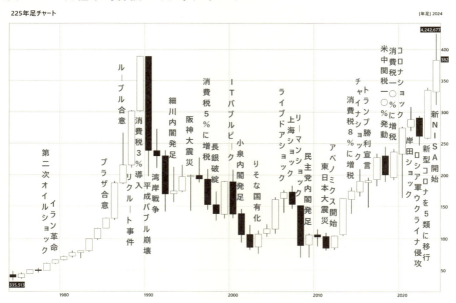

その後は、日経平均株価もNYダウと同様に、リーマンショック当時の7000円割れから2024年7月の4万2000円超まで6倍超に上昇しています。

株価暴落は10倍株の起点になる①

　バブル崩壊後の最安値となったリーマンショック前後の株安局面で株式を購入していた場合、株価は数倍、場合によっては10倍、さらに100倍以上にまで値上がりしているケースが珍しくありません。

　日経平均株価でさえ最大6倍以上になっているのですから、考えてみれば当たり前のことと言えます。このように、**株価暴落は10倍株の起点になる**性質があるので、株価暴落を前向きに捉えて長期的視野に立ち、よい企業に投資する機会として利用するほうがよいでしょう。

　はっしゃんは、「株価暴落は10倍株の起点になる」ことを検証するサイトとして「【株Biz】10倍株Watch」というWebサイトを作成して、株価暴落を起点とした株価の推移を定点観測しています。

　ここでは、リーマンショックで最安値を記録した2008年10月末を基準として2024年12月末現在の株価が最大100倍以上にまで上昇した54銘柄を紹介します。

■リーマンショックからの最大上昇倍率ランキング

1. 〈5285〉ヤマックス
　　現498.0倍　最大661.7倍
2. 〈3856〉Aバランス
　　現32.2倍　最大592.2倍
3. 〈1407〉ウエストHD
　　現139.5倍　最大533.9倍
4. 〈2158〉フロンテオ
　　現64.3倍　最大530.0倍
5. 〈3064〉モノタロウ
　　現381.7倍　最大495.7倍
6. 〈6323〉ローツェ
　　現170.0倍　最大392.2倍
7. 〈3778〉さくらネット
　　現148.3倍　最大366.0倍
8. 〈2471〉エスプール
　　現79.8倍　最大352.5倍
9. 〈6920〉レーザーテク
　　現116.8倍　最大350.0倍
10. 〈8508〉Jトラスト
　　現40.3倍　最大342.4倍

11. 〈7747〉 朝日インテク
現 214.7 倍　最大 323.3 倍

12. 〈2160〉 ジーエヌアイ
現 261.9 倍　最大 313.1 倍

13. 〈2146〉 UT
現 145.3 倍　最大 306.7 倍

14. 〈4565〉 ネクセラ
現 47.6 倍　最大 297.5 倍

15. 〈6840〉 AKIBA
現 79.7 倍　最大 291.7 倍

16. 〈1852〉 淺沼組
現 167.0 倍　最大 222.0 倍

17. 〈3765〉 ガンホー
現 44.5 倍　最大 217.7 倍

18. 〈3769〉 GMO-PG
現 102.2 倍　最大 213.9 倍

19. 〈2124〉 ジェイエイシ
現 176.3 倍　最大 204.0 倍

20. 〈2157〉 コシダカ HD
現 161.6 倍　最大 202.1 倍

21. 〈4369〉 トリケミカル
現 99.2 倍　最大 187.2 倍

22. 〈1882〉 東亜道
現 163.6 倍　最大 181.9 倍

23. 〈3038〉 神戸物産
現 132.3 倍　最大 181.4 倍

24. 〈6315〉 TOWA
現 57.3 倍　最大 179.7 倍

25. 〈2782〉 セリア
現 67.1 倍　最大 176.0 倍

26. 〈2154〉 オープン UP
現 112.0 倍　最大 163.8 倍

27. 〈3854〉 アイル
現 109.6 倍　最大 163.0 倍

28. 〈2379〉 ディップ
現 78.3 倍　最大 154.1 倍

29. 〈3053〉 ペッパー
現 3.1 倍　最大 152.4 倍

30. 〈2491〉 V コマース
現 33.6 倍　最大 151.1 倍

31. 〈6264〉 マルマエ
現 70.9 倍　最大 149.1 倍

32. 〈4113〉 田岡化
現 38.7 倍　最大 144.4 倍

33. 〈4571〉 ナノ MRNA
現 3.7 倍　最大 140.8 倍

34. 〈6146〉 ディスコ
現 87.2 倍　最大 140.5 倍

35. 〈2150〉 ケアネット
現 30.9 倍　最大 139.7 倍

36. 〈2162〉 nms
現 47.5 倍　最大 139.4 倍

37. 〈2138〉 クルーズ
現 10.7 倍　最大 139.3 倍

38. 〈3387〉 クリレス HD
現 130.0 倍　最大 137.1 倍

39. 〈1514〉 住石 HD
現 18.9 倍　最大 135.9 倍

40. 〈2489〉 アドウェイズ
現 11.8 倍　最大 133.8 倍

41. 〈3825〉 リミックス
現 22.9 倍　最大 131.6 倍

42. 〈2413〉 エムスリー
現 16.2 倍　最大 124.1 倍

43. 〈3245〉 ディアライフ
現 114.0 倍　最大 123.8 倍

44. 〈6702〉 富士通
現 107.7 倍　最大 122.7 倍

45. 〈2929〉 ファーマ F
現 31.2 倍　最大 119.4 倍

46. 〈9820〉 ジェネックス
現 6.3 倍　最大 114.9 倍

47. 〈6670〉 MCJ
現 102.5 倍　最大 112.9 倍

48. 〈4667〉 アイサンテク
現 18.7 倍　最大 111.7 倍

49. 〈8111〉 ゴールドウイン
現 69.6 倍　最大 108.2 倍

50. 〈2484〉 出前館
現 6.4 倍　最大 107.7 倍

51. 〈7575〉 日本ライフ L
現 38.3 倍　最大 105.0 倍

52. 〈2492〉 インフォ MT
現 23.7 倍　最大 101.4 倍

53. 〈4848〉 フルキャスト
現 46.3 倍　最大 101.4 倍

54. 〈2429〉 ワールド HD
現 40.5 倍　最大 101.0 倍

第 1 章　【バブル崩壊編】

教訓　株価暴落の原因が不動産バブル崩壊や金融機関の信用収縮まで発展すると 50 年や 100 年に 1 度の恐慌に発展するリスクが高まる。政府や中央銀行の救済の有無も株価低迷が長引くかどうかの判断材料になる。

対処法　リーマンショックのような大暴落のあとは含み損を抱えた持ち株を長期間、保有する苦しい時期も続くので損切りも選択肢に入れる。ただし長期間の暴落が終わったあとは株価 10 倍株が大量発生する大チャンスになりやすいので新規の投資資金を準備する。

株価暴落 File.07
東日本大震災の暴落
[ワースト4位]

発生日：2011/03/15
最大下落率：−10.55%（−1,015.34 円）

図 1-29　東日本大震災前後の日経平均株価チャート

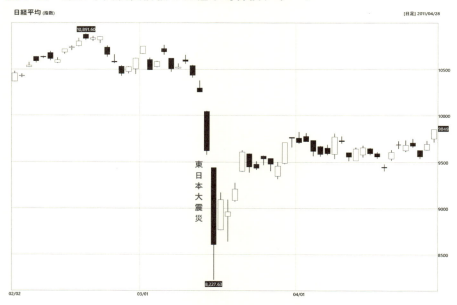

　2011年3月11日に発生した巨大地震のあと、福島第一原子力発電所では津波による浸水によって電源機能を喪失。原子炉を冷却する装置が動作しなくなった結果、原子炉1号機、2号機、3号機、および4号機で炉心溶融や水素爆発が発生しました。
　福島第一原発から半径20km範囲には避難命令が出され、東北地

方を中心に放射性物質が飛散しました。放射性物質が降下した地域の一部は2024年12月現在でも帰宅困難地域として立ち入りが禁止されています。

ここでは、東日本大震災で暴落の中心銘柄となった東京電力のほか、最安値を記録した東証株価指数（TOPIX）とNTTから株価暴落を検証します。

福島第一原発事故と東京電力

地震の発生時刻は後場引け前の2011年3月11日14時46分でした。地震発生直後、すぐに津波警報が発令されましたが、取引時間中にはまだ津波は到達しておらず、3月11日の東京電力の株価は－1.5％の小幅安で終わりました。

ところが、津波到達後に事態は急速に悪化。3月12日土曜、13日日曜の2日間を経て状況は最悪の方向へと向かいました。

東日本大震災は大津波によって多大な人的被害と物的被害を与えましたが、株価の暴落、そして、その後の日本経済への影響としては福島第一原発事故の発生によって、より深刻かつ重大な災害となりました。

今後、日本で**自然災害が発生した場合においても、それが原発事故と結びつくかどうかによって経済や株価への影響度は大きく異なる**ことは理解しておきましょう。

図 1-30　東日本大震災発生後の東京電力の株価チャート

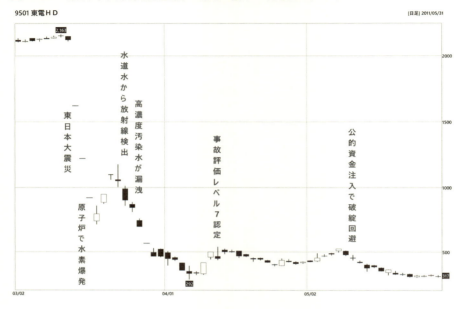

　地震のあと、土日を挟んで3月14日月曜日から日本市場で取引が始まると、東京電力の株価はストップ安売り気配となる大暴落。そのまま3日連続ストップ安となって、震災前の3分の1近い水準まで急落しました。

●東京電力の株価推移

2011/03/11（金）　2,121円　※14:46 巨大地震発生
2011/03/14（月）　1,621円　ストップ安
2011/03/15（火）　1,221円　2日連続ストップ安
2011/03/16（水）　921円　3日連続ストップ安
2011/03/17（木）　798円
2011/04/06（水）　292円　事故前からの下落率－86.2％

　その後は、いったん反発する場面もあったものの、3月24日に

第1章 【バブル崩壊編】

は東京都の水道水から放射性物質が検出されたとの報道で再び下落。さらに、高濃度汚染水の漏洩が発覚したり、飛散した放射性物質の除染費用の問題など、深刻な実態が次々と明らかとなり、4月6日には株価292円の安値を記録します。このときの下落率は、事故前の株価から－86.2%という大暴落となりました。

事故の重大さや原状回復までの困難さから、原発事故の復旧費用は、明らかに一企業の支払能力を超えていると推定されました。株主責任や国有化の声も上がっていましたが、当時の民主党政権は5月13日に公的資金を注入し、破綻を回避する方針を示しました。

そして、8月には原子力損害賠償支援機構法を成立させて、10兆円以上と言われる事故処理費用を電気料金に上乗せして国民が肩代わりすることで決着させました（その後、費用は増額見通しになっています）。

原子力損害賠償支援機構法によって破綻と混乱は回避されましたが、実質的には、推定数十兆円の債務超過で倒産状態に陥った東京電力の株価（もちろん無配）は100円台での推移が続き、2012年11月には120円の最安値（事故前からの下落率－94.3%）を記録しました。

その後、2013年に自民党政権が復活し、原発行政転換の可能性やアベノミクスへの期待から、株価が上昇する局面が出てきました。

原子力損害賠償支援機構法による東京電力の救済は、想定外の出来事が発生したため途中からルールが変わった事例の1つです。放射性物質の除染や炉心溶融した原子炉の廃炉は誰かがやらなければなりませんが、東京電力を倒産させていったい誰がするのかという話でもあったのです。

103

図1-31 原発事故以降の東京電力の長期株価チャート

●原発事故後の東京電力の最安値とその後の戻り高値
2012/11/13　120円　事故前からの下落率　−94.3%
2024/04/15　1,114円　最安値からの上昇率　＋828.3%
2024/12/30　475円　最安値からの上昇率　＋295.8%

　福島原発事故の発生から14年。東京電力の2024年12月末の株価は475円で事故直後の最安値から約3.9倍。2024年4月には底値から9倍以上の1114円を付ける場面もありました。

　東京電力を投資対象として見た場合、原子力損害賠償支援機構法の成立以降、破綻リスクは回避されたと言えますが、その一方で配当施策では無配が続いています。
　東京電力には、原発事故の主体企業として、配当を拠出するより

第1章 【バブル崩壊編】

も優先すべきことがあるからです。そして、事故に対する企業責任が消えることはないでしょう。

2024年12月現在、東京電力と政府は、柏崎刈羽原発（新潟県）の再稼働手続きを進めています。しかし、地元の同意を得られるかどうかは、まだ不透明な状況です。

原発事故後もトラブルが続いている東京電力への風当たりは依然として強く、2024年12月現在でも東京電力管轄では全原発の稼働停止が続いています。

国内では、2015年8月に九州電力の川内原発が再稼働したのを皮切りに、2024年12月現在、新基準に適合した14基の原発が再稼働しています。

■国内原発の状況（2024年12月現在）

稼働中の原発（14基）
・関西電力　美浜原発（1基）
・関西電力　大飯原発（2基）
・関西電力　高浜原発（4基）
・中国電力　島根原発（1基）
・四国電力　伊方原発（1基）
・九州電力　玄界原発（2基）
・九州電力　川内原発（2基）
・東北電力　女川原発（1基）

審査合格・再稼働前の原発（1基）
・東京電力　柏崎刈羽原発（1基）

審査不合格の原発（1基）
・日本原電　敦賀原発（1基）

審査中の原発（9基）
・北海道電力　泊原発（3基）
・東北電力　東通原発（1基）
・東京電力　柏崎刈羽原発（1基）
・中部電力　浜岡原発（2基）
・北陸電力　志賀原発（1基）
・日本原電　東海第2原発（1基）

建設中の原発（2基）
・Jパワー　大間原発（1基）
・中国電力　島根原発（1基）

一方、2018年6月に東京電力が福島第一原発に続いて、福島第

105

二原発を廃炉とする方針を示すなど、2024年12月現在で新安全基準を満たさない21基の原発の廃炉が決定しています。

　原発の廃炉や稼働停止によって電力各社は、その不足分を火力発電所の再稼働や再生可能エネルギーへの投資で補うことになりました。そして、短期的には、化石燃料を輸入して火力発電所でまかなうことが必要になるため、日本全体のクリーンエネルギー比率は低下し（原発は二酸化炭素を排出しないためクリーンエネルギーとされています）、コスト競争力においても日本の優位性が後退することになりました。

　当時の日本は、リーマンショック後の円高不況に苦しめられていましたが、原発の稼働停止によって化石燃料の輸入が急増したため、貿易収支は赤字に転落し、皮肉にも円高から徐々に円安へとシフトしていく1つのきっかけになりました。

TOPIXと安値の関係

　東日本大震災では、日経平均株価と同様に東証株価指数（TOPIX）も急落しました。特にTOPIXは、東日本大震災での安値がリーマンショックの安値を下回っていて、バブル崩壊後の最安値を記録しています。

　また、TOPIXが最安値を記録したのは、地震の発生直後ではなく、1年3カ月もあとのことでした。

　TOPIXは日経平均株価と同様に、日本の株式市場の値動きを反映する重要指標の1つですが、対象銘柄や算出方法に違いがあります。特に、株価加重平均型である日経平均株価に対して、TOPIXは時価総額加重平均型を採用しており、時価総額上位の銘柄の値動

第 1 章 【バブル崩壊編】

きと連動しやすいという特徴があります。

図 1-32　リーマンショック〜東日本大震災前後の TOPIX の株価チャート

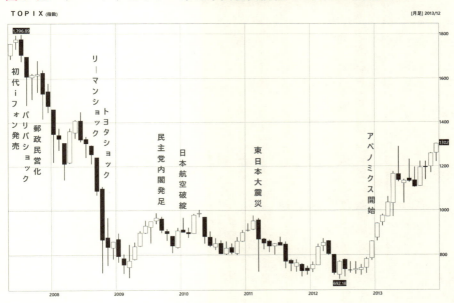

● TOPIX の震災後の状況
　震災発生直前：2011 年 3 月　955.59
　震災後の安値：2012 年 6 月　692.18
　　　　　　　　（−27.6％、1 年 3 カ月後）
　直前水準回復：2013 年 2 月（1 年 11 カ月後）
　震災後最高値：2024 年 7 月　2,946.60
　　　　　　　　（+325.6％）
　本書の執筆時：2024 年 12 月末　2784.92
　　　　　　　　（+302.3％）

一般的には、バブル崩壊後の日本経済はリーマンショックが最悪

の状況だったと言われていますが、TOPIXの株価チャートを見る限り、震災後も同等程度に厳しい状況だったことがわかります。

また、TOPIXの震災後安値からの上昇率は、2024年12月末現在で4.0倍程度、最高値のときでも4.2倍程度となっており、最大5.2倍超まで上昇した日経平均株価と比べると控えめな数字です。

これは、株価が比較的安定している時価総額上位の銘柄の影響が大きいTOPIXの特徴を表していると言えるでしょう。

東日本大震災とNTT株の最安値

下の図1-33はTOPIXと同様に東日本大震災後に最安値を記録したNTTの株価チャートです。

図 1-33　リーマンショック〜東日本大震災前後のNTTの株価チャート

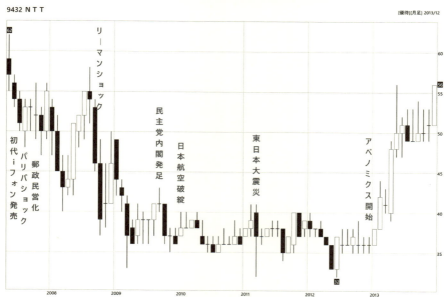

108

NTTは、TOPIXとは異なり、震災直後に上場来安値になる32円（株式分割を考慮した株価）を記録しています。2024年12月末現在のNTTの株価は158円ですので株価は当時から4.9倍以上の上昇になります。

また、NTTは、2024年12月現在で5.2円の配当を予想しているので、当時32円で株式を購入していたら現在の配当利回りは16.25%にもなります。これはわずか6年で投資金額を回収できる配当水準です。

このように、**株価暴落の局面で高配当株や増配株に投資して長期保有に成功すると、株価が値上がりしてかつ配当収入も増える**ことになるので、機会があれば狙ってみるのも悪くないでしょう。

 ## 巨大地震と株価暴落のリスク

災害は忘れた頃にやってくるとも言われていますが、日本に住んでいるということは地震のリスクを受け入れて生きていく必要があるということです。

東日本大震災クラスの巨大地震が将来も高い確率で起こることが発表されています。

●南海トラフ地震の発生確率（M8～9程度）：
30年以内で80%程度、50年以内では90%程度
●首都直下型地震の発生確率（M7程度）：
30年以内で70%

南海トラフ地震や首都直下型などの関東大震災が発生すると、再び株価が暴落することになるでしょう。地震では、命を守ることが

最優先ですが、同時に金融資産を守ることも大事です。

東日本大震災をきっかけに日本では福島原発事故を教訓とした原発の新安全基準が定められ、再発防止が図られています。

しかし、地震・火山大国の日本において新安全基準で想定された以上の災害が発生しないという保証はありません。

さらに、2022年に始まったロシアによるウクライナ侵攻では、原子力発電所が軍事的な攻撃対象となりうる事態も発生しました。

新安全基準ではテロや航空機の衝突に対するリスクも考慮されていますが、戦争リスクは残っていると言えるでしょう。

自然災害が原因となる株価暴落は予測が困難です。このような**株価暴落時において、特定銘柄に資金を集中投資しすぎていたり、レバレッジをかけすぎたりしていると、命の危機と同時に金融資産にもリスクがおよびかねません**。万が一の地震発生も考慮した暴落耐性のある投資を心がけておきましょう。

また、5年10年という長期スパンで見ると、自然災害で株価が暴落したところは投資チャンスと前向きに捉えることもできます。

災害のときに慌てて株式を売る投資家ではなく、買い支えられる投資家になりたいものです。

最後に東日本大震災後の日経平均株価チャートを見ておきましょう。

日経平均株価は震災の8カ月後に−23.9%安の最安値を付けたあとも低迷しました。株価が震災前の水準を回復したのは1年10カ月もあとの2013年1月に入ってからのことでした。

しかし、震災前の水準を回復したあとはアベノミクスへの期待から株価は大きく上昇していくことになりました。

第 1 章 【バブル崩壊編】

図 1-34　東日本大震災後の日経平均株価チャート

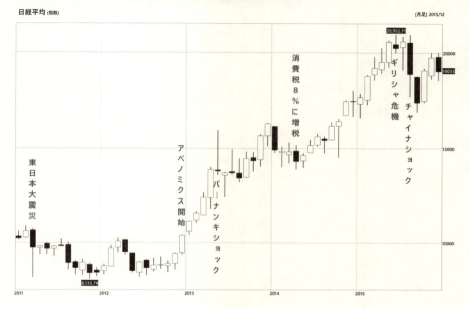

●震災後の比較
震災発生直後：10,693.66 円
震災後の安値： 8,135.79 円（−23.9％、8 カ月後）
直後水準回復：2013 年 1 月（1 年 10 カ月後）

教訓　日本経済に大打撃を与える大震災や原発事故による株価暴落は影響も甚大で長引く可能性が高い。地震は特に予測不能なので震災が経済に与える影響度を慎重に判断すべき。

対処法　局所的な地震は株価にほとんど影響しないので被害規模を見極める。また、5 年 10 年という長期スパンで考えると自然災害からの復興は高配当株などに長期投資するチャンスになる。

株価暴落 File.08

バーナンキショック

[ワースト12位]

発生日：2013/05/23

最大下落率：－7.32％（－1,143.28円）

図 1-35　バーナンキショック前後の日経平均株価チャート

　米国の中央銀行にあたるのは「FRB」の略称で呼ばれる米国連邦準備制度理事会です。その FRB 議長だったベン・バーナンキ氏の金融緩和縮小発言が市場サプライズとなり発生した株価暴落が 2013 年 5 月のバーナンキショックです。

第 1 章 【バブル崩壊編】

　2013年当時の米国は2008年に発生したリーマンショックからまだ回復途上にある局面で、FRBは大幅な金融緩和を継続していました。バーナンキ氏自身も「金融緩和縮小は時期尚早」との立場を表明していました。
　ところが、2013年5月22日の議会証言で「マクロ環境次第では、次回または次々回で量的緩和の縮小もありうる」という、それまでの見解とは異なる発言を行いました。

　これが金融緩和の継続を前提として上昇していた市場にとってネガティブサプライズとなり、史上最高値を更新していたNYダウは－2.5％の株価急落となりました。
　この影響で日経平均株価の下落率はさらに大きくなり、－7.32％というリーマンショック以来の株価暴落となりました。

図 1-36　バーナンキショック前後の NY ダウの株価チャート

113

さらにバーナンキ氏は、2013年6月19日のFOMC（米連邦公開市場委員会。日本の日銀の金融政策決定会合にあたる会議）においても「今年後半には資産購入ペースを減速させて、慎重だが段階的に来年（2014年）前半には資産購入減額を継続して、来年半ば頃に終了する」と具体的な金融緩和縮小スケジュールに踏み込んだ発言をしました。この2回目の発言でNYダウは−5.1%と、1回目を上回る株価暴落となり、翌日もさらに大きく下げました。

　なお、日経平均株価は、2回目のバーナンキショック前の6月13日に先行して−6.35%の株価暴落が発生しており、バーナンキショックの2回目は日本には連鎖しませんでした。

　もっともバーナンキショック2回目の下落率が1回目よりも小幅になっているだけで株価は最安値へと沈んでおり「米国市場が暴落すると日本市場も暴落する」の例外とはなっていません。

　一方で、バーナンキショックは日本以上に金利変動の影響を大きく受ける新興国の通貨や株価指数に大きな影響を与えました。具体的にはブラジル、インド、インドネシア、トルコ、南アフリカなどで通貨や株価指数が暴落しました。

　その後は、バーナンキ氏が慎重な発言に転換したこともあり、2013年7月には市場は持ち直して株価も回復しました。

　バーナンキショックは、金利施策に関する中央銀行要人の発言が引き金となった株価暴落として、ワースト2位の円キャリートレード巻き戻しショックとの類似性が高い株価暴落です。

●バーナンキショック（2013年）：
　バーナンキFRB議長による金融緩和縮小発言
●円キャリートレード巻き戻しショック（2024年）：

第 1 章 【バブル崩壊編】

> 植田日銀総裁による継続的な利上げ見通し発言

 ## 市場との対話の重要性

　日銀総裁やFRB議長の重要な仕事の1つに**市場との対話**があります。これから行う金融施策を市場関係者と共有し、懸念点や今後のリスクについて議論し、市場の安定化を図るというものです。
　市場との対話が不足していると、場合によってはバーナンキショックや円キャリートレード巻き戻しショックのようにその後の**金融施策や発言がネガティブサプライズとなって株価暴落を引き起こす場合がある**からです。
　バーナンキ氏にとどまらず、その後もFRB議長の発言による株価のショックは発生しており、特にFRB議長の発言があるFOMCやジャクソンホール会議（毎年8月下旬に世界各国の中央銀行要人を集めて米国ワイオミング州ジャクソンホールで開かれる会議）などは、投資家に緊張感を与えるイベントになっています。

■ FRB議長が震源となった株価暴落
● イエレンショック（2014年3月）
● パウエルショック（2018年2月）
● クリスマスショック（2018年12月）

　2014年3月のイエレンショックは同年2月にFRBの新議長に就任したイエレン氏が市場予想より早期の利上げ開始を表明したことによる株価暴落です。
　2018年2月のパウエルショックは同じくトランプ第一次政権下でFRB新議長に就任したパウエル氏が利上げペース加速に寛容な

発言をしたことによる株価の急落。

　2018年12月下旬には当時のトランプ大統領がパウエルFRB議長解任をほのめかしたことで株安と円高が進行する「クリスマスショック」と呼ばれるパウエル解任騒動ショックも発生しています。

図 1-37　パウエルショック～クリスマスショックのNYダウの株価チャート

教訓　政策金利に関する要人発言が暴落の原因になることが多い。特に米国FRB議長の発言には注意。市場の期待と中央銀行の対話姿勢のズレが暴落を生むことが多い。

対処法　中央銀行要人の発言による株価急落は一過性のことも多いので買いのチャンスになりやすい。要人の発言が予定されているイベントにはあらかじめ注意を払っておく。

第 1 章 【バブル崩壊編】

株価暴落 File.09

ブレグジット（英 EU 離脱）ショック

[ワースト10位]

発生日：2016/06/24

最大下落率：−7.92%（−1,286.33 円）

図 1-38　ブレグジット（英 EU 離脱）ショック前後の日経平均株価チャート

　2016 年 6 月 23 日、イギリスの国民投票で EU（欧州連合）からの離脱が決定したことをきっかけに株価暴落が発生し、その下落率は歴代ワースト 10 位の −7.92% にも達しました。事前の見通しで

117

はEU残留票が優勢と見られていたため、大きなサプライズとなりました。

　EUは欧州の政治・経済共同体として1993年に発足しました。加盟国は当初の6カ国から2024年現在で27カ国まで拡大していて、欧州の政治的・経済的な地位向上に大きな役割を果たしています。

　ヨーロッパはいち早く産業革命を成し遂げたことで先進国が多い反面、対立や戦争を繰り返し、世界を戦乱に巻き込んできた経緯があります。このような歴史的背景もあって域内には小国が多く、面積最大国がフランスで日本の1.5倍、人口最大国はドイツの8200万人で日本の7割程度の国家規模になっています。

　このようなヨーロッパ諸国が1つにまとまることで、米国やロシア、中国、インドなどの大国と対峙し、国際的な役割を果たしていこうという組織としてEUは誕生しました。

　ユーロ圏内には、共通化された通貨ユーロの使用や関税の相互撤廃、移動の自由化（パスポート不要）など、域内はもちろん域外の人にとってもとても利便性の高い制度が設けられています。例えば、日本からヨーロッパに旅行することを考えると、フランス→ベルギー→オランダ→ドイツと移動した場合、両替はユーロへの1回で済ませられますし、パスポート確認や関税手続きもEU間は不要になります。日本からヨーロッパに進出する日本企業にとっても、このような利便性が評価されています。

　一方のイギリスは、欧州にありながら日本と同様の島国です。かつて、日が沈むことのない大英帝国の盟主として世界中に植民地をつくって栄華を誇り、政治的にも光栄ある孤立を是とするなど、EUの中心となっているフランスやドイツとは少し異なる価値観を

持った国と言えます。EUにも当初から加盟しておらず、途中参加したものの、共通通貨ユーロは導入せずにポンドを維持してきた経緯もありました。

　フランスやドイツなど欧州大陸側が主導権を握るEUにイギリスは不満を持っており、国内ではたびたびEU離脱が論議されてきました。それでも、国民投票でのEU離脱の選択は、事前の市場予想と全く異なるもので、大きなサプライズとなりました。

　イギリスがEUから離脱することで、EUの弱体化や国際的地位の低下、欧州でのイギリスの孤立、EUやイギリス進出企業の業績悪化や撤退、観光客減少などのデメリットが想定されました。

図1-39　ブレグジット前後のユーロ円チャート

　ブレグジット後、為替市場ではユーロが暴落して円が急騰。ブレグジット前の1ユーロ120円程度から110円まで急激な円高が進みました。

　さらに円は、ドル円相場でも上昇して105円台から100円台ま

で急騰。アベノミクス下で円高不況から抜け出し、ようやく円安方向へとシフトしつつあった日本経済にも不安が広がりました。

さらに、米国のNYダウもブレグジットを嫌気して−3.94%の大幅安になりました。これは、日本市場にとってNYダウの急落と円高の進行という2つの悪材料が重なったことになります。

図1-40　ブレグジット前後のドル円チャート

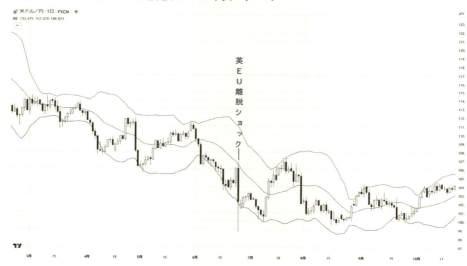

●ブレグジットショック前後のドル円、ユーロ円
　ブレグジット前のドル円　106.125円
　ブレグジット後のドル円　102.199円　（−3.70%）

　ブレグジット前のユーロ円　120.886円
　ブレグジット後のユーロ円　113.499円（−6.11%）

図 1-41　ブレグジット前後のNYダウの株価チャート

　その結果、日本史上でもワースト10位に相当する株価暴落が発生したわけですが、そのほかの下落率が大きかった暴落と比較して、その影響は極めて軽微に終わりました。

 ブレグジットには実現した悪材料がなかった?

　「恐怖」と「実現した悪材料」の2つの要素から考えると、ブレグジットの要素は、想定外ではあるものの「はっきりとした不確実性のない恐怖」という、かなり軽微なものに分類されるでしょう。そして、実際にイギリスがEUから離脱したことによって世界的に大きな混乱や不都合は発生しませんでした。日産自動車が英サンダーランド工場を縮小するなどの出来事はありましたが、それはブレグジットだけが理由ではありません。

ブレグジットの**株価暴落は、リスクを取っていた短期資金が、想定外の材料で手じまいを余儀なくされたため引き起こされた**と考えるのが妥当でしょう。株価暴落の性質としては、ワースト2位の円キャリートレード巻き戻しショックの世界版といったところです。

そして、ブレグジットの株価暴落は為替市場でこそしばらく影響が残ったものの、株式市場では最安値からわずか13営業日で全値戻しとなる、最も影響の少なかった株価暴落の1つになりました。

その後、2024年12月にはイギリスがTPP（環太平洋パートナーシップ協定）に正式加盟しました。日本が主導するTPPには、イギリス国王を君主としているカナダやオーストラリア、ニュージーランドなども加盟しています。イギリスのEU離脱は日本にとってむしろよい出来事だった可能性もあるかもしれません。

教訓　ブレグジットのように、はっきりしない不確実性が恐怖となって株価が暴落することもある。そうした暴落は、投資家がリスクを取りすぎた結果の短期的な手じまいが原因のケースも多い。

対処法　実現した悪材料が軽微な暴落は短期間で落ち着くことも多いので買いのチャンスになりやすい。暴落局面では不安を煽るような材料も出てくるが実現した悪材料を見極める。

第 1 章 【バブル崩壊編】

株価暴落 File.10

コロナショック
[ワースト20圏外]

発生日：2020/03/13
最大下落率：−6.08%（−1,128.58 円）

図 1-42　コロナショック前後の日経平均株価チャート

　2019 年 12 月、中国の武漢で発生した新型コロナウイルス感染症（以下、コロナ）は、1 カ月余りで中国全土に波及。その後、あっという間に世界的な流行へと拡大していきました。
　2020 年 1 月、中国でコロナによる新型の肺炎が深刻化し、中国政府は武漢など 4 都市を封鎖しました。さらに団体海外旅行の禁止

123

なども打ち出したことで、1月27日の日経平均株価は−483.67円（−2.03％）の大幅安を記録しました。

図1-43　コロナショック最安値前後の日経平均株価チャート

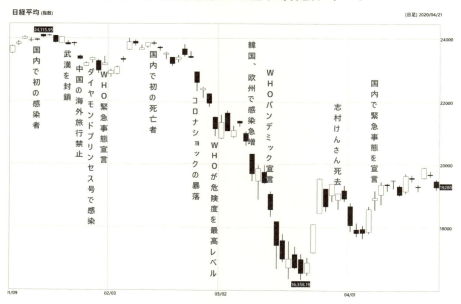

その後、株価はいったん反発に転じましたが、横浜港に停泊したクルーズ船「ダイヤモンド・プリンセス号」内で感染者が発生して問題化しました。1月16日には国内初の感染者が確認されていましたが、2月には国内初のコロナ死亡者も出るなど、事態は少しずつ悪化していきました。

1月30日にはWHO（世界保健機関）がコロナに対して緊急事態を宣言。2月28日には危険性を4段階の最高レベルに引き上げ、感染が韓国、イタリアなどアジアと欧州で拡大すると、3月12日にはパンデミック（世界的な感染流行）を宣言するに至りました。

株式市場では、2月24日にはNYダウが−1000ドル安となり、翌25日には日経平均株価も−781.33円（−3.34％）の大幅安。こ

第1章　【バブル崩壊編】

こから1週間で−10%近い暴落を記録しました。これがコロナショックの株価暴落第1週です。

●コロナショック暴落第1週

　2月24日（月）振替休日

　2月25日（火）−781.33円（−3.34%）

　2月26日（水）−179.22円（−0.79%）

　2月27日（木）−477.96円（−2.13%）

　2月28日（金）−805.27円（−3.67%）

　　暴落第1週：−2,243.78円（−9.59%）

　次週の日経平均株価は、安値圏でしばらくもみ合っていましたが、株価はほとんど回復しませんでした。そして、その翌週に欧州や米国でも感染が急増すると、3月9日と3月13日に−1000円以上下げるなど1週間で−3000円以上の株価暴落になりました。

●コロナショック暴落第2週

　3月09日（月）−1,050.99円（−5.07%）

　3月10日（火）＋168.36円（＋0.85%）

　3月11日（水）−451.06円（−2.27%）

　3月12日（木）−856.43円（−4.41%）

　3月13日（金）−1,128.58円（−6.08%）

　　暴落第2週：−3,318.70円（−15.99%）

　その後、株価は3月19日に1万6358円の最安値を付けます。

　そして、コロナ禍の日本では、

●イベントや集会の中止・延期

125

- ●公共工事の中止
- ●小・中・高等学校の休校
- ●海外からの入国者の２週間隔離

などの感染対策が順次実施されていきました。

さらに、2020年開催予定だった東京オリンピックが１年延期となり、ついに海外から日本への入国も禁止されました。そして、４月７日から５月25日まで国民に対して外出の自粛を要請する緊急事態を宣言し、経済活動も大幅に自粛されました。

 米国でのコロナショック

図 1-44　コロナショック最安値前後のNYダウの株価チャート

米国でも、2020年１月下旬にカリフォルニア州で米国初のコロ

第1章　【バブル崩壊編】

ナ陽性者が確認されると、コロナウイルスのリスクが認識され、NY市場やナスダック市場が暴落を開始します。

　NYダウは2月24日〜28日の1週間で−3583.05ドル（−12.4%）の大幅安となり、株安が世界に連鎖していきます。そして3月9日には−2013.76ドル（−7.79%）と、過去最大の下げ幅を記録し、さらに3月16日には−2997.10ドル（−12.93%）と過去最大の下げ幅を更新、下落率でもブラックマンデーに次ぐ、米国史上2位の株価暴落を記録しました。

●コロナショックのNYダウ推移
　　2月24日（月）　−1,031.61ドル（−3.56%）
　　2月25日（火）　−849.44ドル（−3.15%）
　　2月26日（水）　−123.77ドル（−0.46%）
　　2月27日（木）　−1,190.95ドル（−4.42%）
　　2月28日（金）　−357.28ドル（−1.39%）
　　暴落第1週：−3,583.05ドル（−12.4%）

　　3月09日（月）　−2,013.76ドル（−7.79%）
　　3月10日（火）　＋1,167.14ドル（＋4.89%）
　　3月11日（水）　−1,464.94ドル（−5.86%）
　　3月12日（木）　−2,352.60ドル（−9.99%）
　　3月13日（金）　＋1,985.00ドル（＋9.36%）
　　暴落第2週：−2,679.16ドル（−10.4%）
　　3月16日（月）　−2,997.10ドル（−12.93%）

　その後はFRBが緊急利下げや無制限の量的緩和を実施したことでコロナの感染者数・死亡者数は増加しましたが、株価はリバウン

127

ドに入りました。

NYダウの株価チャートを見ると、日経平均株価とNYダウがほぼ同じ値動きで株価が暴落していったことがわかります。

ちなみに、3月16日（月）に米国が−12.93%とブラックマンデーに次ぐ下落率になった翌日3月17日（火）の日本市場は、いったん下げたあと、+0.06%と小幅反発で終わりました。「米国市場が暴落すると日本市場も暴落する」の例外と言えなくもない一場面ですが、日本市場がすでに大きく下げていたことや、当時の日経平均株価が企業の解散価値に相当するPBR1.0倍まで下落しており、底値の目安だったことも挙げられます。このように1日単位で見ると例外があったとしてもコロナショック全体を見ると「米国市場が暴落すると日本市場も暴落する」に例外はなしと言えそうです。

緊急事態宣言とコロナ変異種の流行

日本政府は、1回目の緊急事態宣言を4月〜5月に発令し、マスク着用や三密（密閉、密集、密接）の回避、テレワークを推奨しま

図 1-45　コロナによる国内死者数の推移

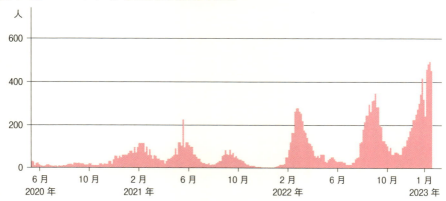

第1章 【バブル崩壊編】

●第1波（2020年2月頃〜）
  4月7日 東京や大阪に緊急事態宣言
  4月16日 全国に緊急事態宣言（1回目）
●第2波（2020年7月頃〜）
●第3波（2020年11月頃〜）
  2021年1月8日 緊急事態宣言（2回目）
●第4波（2021年4月頃〜）
  4月25日 緊急事態宣言（3回目）
●第5波（2021年7月頃〜）
  7月12日 緊急事態宣言（4回目）
●第6波（2022年1月頃〜）
●第7波（2022年7月頃〜）
●第8波（2022年11月頃〜）
●コロナを感染症2類から5類へ移行（2023年5月〜）

した。そして、コロナ感染を回避するため、全国で商業施設や飲食店が閉店を余儀なくされました。また、流行の初期は、マスクが不足して入手困難になったことから、全家庭に布マスク（当時の首相名からアベノマスクと呼ばれました）が配布されました。

　その後、新型コロナウイルスには変異種が登場したために、何度も繰り返して流行することになり、国内では合計4回の緊急事態宣言が発令されました。

　コロナ禍では、株価暴落の影響が続く一方、医薬関連株、テレワーク関連株、巣ごもり消費株、EC関連株、DX（デジタルトランスフォーメーション）関連株などが外出や他人との接触禁止による代替需要から特需となり株価も大きく上昇しました。

129

コロナ禍で上昇　エムスリー（医薬・DX関連）

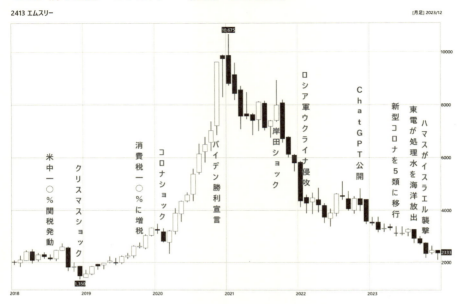

コロナ禍で上昇　サイボウズ（テレワーク）

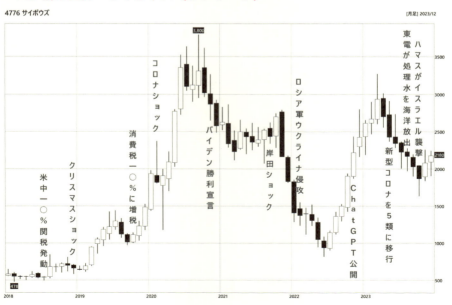

第1章 【バブル崩壊編】

コロナ禍で上昇　任天堂（巣ごもり消費）

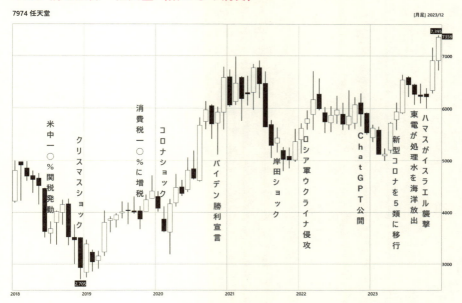

コロナ禍で上昇　モノタロウ（EC）

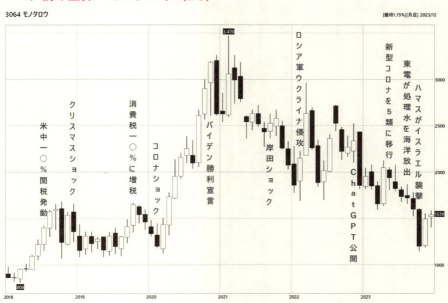

131

コロナ禍で上昇　弁護士ドットコム（DX）

　コロナのように**社会生活に大きな影響がある出来事が発生した場合、特定セクターに特需が発生して株価に大きな影響を与える**ことは覚えておきましょう。

　コロナ禍が特需になった銘柄がある一方で、それ以外の多くの銘柄はコロナ禍で社会活動が停止されて致命的なダメージを受けました。特に影響が大きかったのが、百貨店やショッピングモールなどの大規模商業施設、飲食店、鉄道、空運、コンビニ、旅館・ホテル、旅行サービスなどの業界です。例えば、百貨店業界は当初、緊急事態宣言下で営業が休止され、売上は激減しました。
　政府は、コロナの影響による企業の連鎖破綻を防止するため、助成金や給付金を拠出しました。これが功を奏したこともあり、コロナ禍においても上場企業の倒産は最小限に抑えられました。

第1章 【バブル崩壊編】

コロナ禍で下落　三越伊勢丹（百貨店）

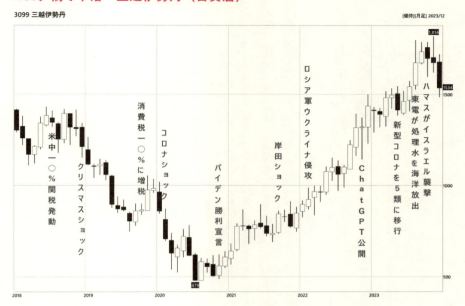

コロナ禍で下落　エターナルG（居酒屋：鳥貴族）

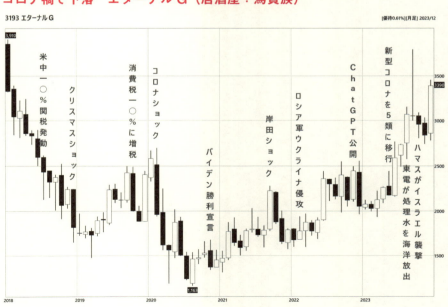

133

コロナ禍で下落　JR東海（鉄道業）

コロナ禍で下落　ANA（空運業）

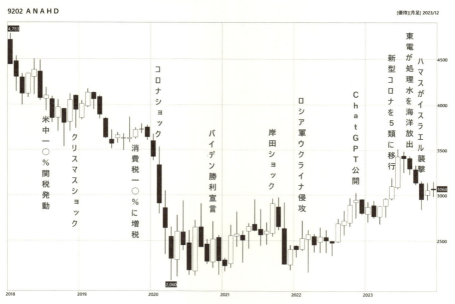

第 1 章 【バブル崩壊編】

コロナ禍で下落　セブン＆アイ（コンビニ）

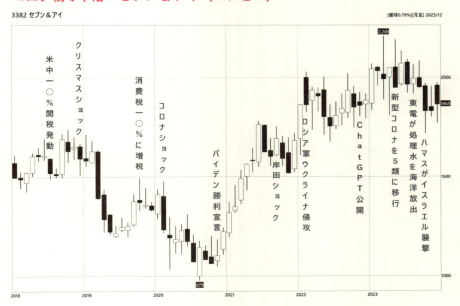

コロナ禍で下落　藤田観光（旅館ホテル業）

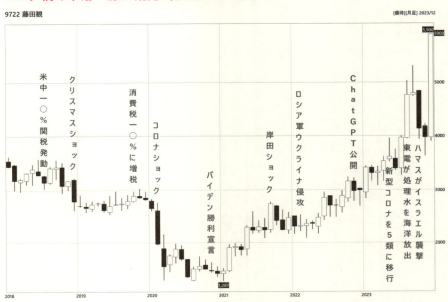

コロナ禍で下落　KNT-CT（旅行代理店：近畿日本ツーリスト）

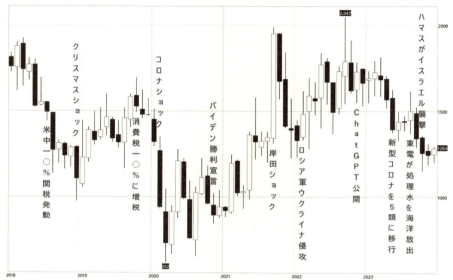

コロナワクチンの開発と脅威の後退

　株式市場でコロナの脅威が後退するきっかけになったのが、2020年11月、米国ファイザー社とモデルナ社からコロナワクチンの開発と早期実用化方針が発表されたことです。

　米国では2020年12月から、日本でも2021年2月から医療従事者や高齢者、基礎疾患を持つ人からワクチン接種が開始され、順次拡大していきました。

　また、変異株による脅威も流行第6波のオミクロン株の感染拡大以降は重症化率が低下し、社会機能も正常化していきました。

　コロナ禍において特需を受けた銘柄は「ウィズコロナ」と呼ばれ株価も大きく上昇しましたが、コロナの脅威が後退すると、次第に株価も下げていきました。

一方、コロナ禍で営業を制限され、非常に厳しい状況にあった銘柄は、コロナの脅威が後退してから徐々に株価も回復し「アフターコロナ」として脚光を浴びることになりました。

そして、2023年5月にはコロナの分類を未知の感染症に相当する2類から季節性インフルエンザ相当の5類へと移行し、コロナの脅威は名実ともに終わりを告げることになりました。

 閉店数からコロナの影響を考える

はっしゃんは、株式投資研究家として、コロナ不況で閉店を発表した上場企業の店舗数を集計してきました。その数は百貨店、飲食店、アパレル店、サービス業（旅行など）の合計で3207店舗です。

■**コロナ不況で閉店した上場企業の店舗数**

■コロナ不況での店舗閉店一覧（百貨店）
高島屋
　港南台高島屋を閉店
さいか屋
　横須賀店を閉店
井筒屋
　黒崎店を閉店
セブン＆アイHD
　西武岡崎店を閉店
　西武大津店を閉店
　そごう西神店を閉店
　そごう徳島店を閉店
　そごう川口店を閉店
　※閉店はコロナショック以前に決定
・百貨店合計
　8店舗を閉店

■コロナ不況での店舗閉店一覧（外食）
ロイヤルHD（ロイヤルホスト、天丼てんや）
　70店舗を閉店
大戸屋HD（定食屋）
　10店舗を閉店
コロワイド（居酒屋）
　196店舗を閉店
ジョイフル（ファミレス）
　200店舗を閉店
フレンドリー（ファミレス）
　41店舗を閉店
ペッパーフードサービス（いきなりステーキなど）
　114店舗を閉店
吉野家（吉野家、はなまるうどん、京樽）
　150店舗を閉店
グルメ杵屋（杵屋、そじ坊）
　80店舗を閉店
チムニー（居酒屋）
　72店舗を閉店
ワタミ（居酒屋）
　114店舗を閉店

グローバルダイニング（レストラン）
　　5店舗を閉店
マルシェ（八剣伝）
　　17店舗を閉店
すかいらーく（ファミレス）
　　200店舗を閉店
リンガーハット（長崎ちゃんぽん）
　　128店舗を閉店
・外食閉店合計
　　1,397店舗を閉店

■コロナ不況での店舗閉店一覧（アパレル）
オンワード（23区など）
　　700店舗を閉店
ワールド（アクアガールなど）
　　358店舗を閉店
ライトオン（ノーティドッグのみ）
　　19店舗を閉店
TSI（ハーシェル・サプライ、ファクト）
　　122店舗を閉店

三陽商会
　　160売場を閉鎖
タカキュー
　　90店舗を閉店
青山商事
　　160店舗を閉店
・アパレル閉店合計
　　1,609店舗を閉店

■コロナ不況での店舗閉店一覧（サービス業）
KNT-CT（旅行代理店）
　　92店舗を閉店（3分の2を閉店）
HIS（旅行代理店）
　　90店舗を閉店
ワタベウエディング
　　11店舗を閉店
・サービス業閉店合計
　　193店舗を閉店

　閉店した店舗には、コロナだけが原因でないものも含まれていますが、コロナ禍という特定期間でこれだけの店舗が日本からなくなったことを考えると、その影響がいかに大きいものだったかを測る1つの資料になると思います。

●百貨店　　　　8店舗を閉店
●外食　　1,397店舗を閉店
●アパレル　1,609店舗を閉店
●サービス業　193店舗を閉店

　百貨店はコロナ以前に閉店を決定していた店舗が多いものの、外食やアパレル、旅行代理店はコロナの影響が大きいことがうかがえます。
　各業界で大量閉店した企業の株価チャートを見てみましょう。

第1章 【バブル崩壊編】

コロナ禍で閉店　すかいらーく（200店舗）

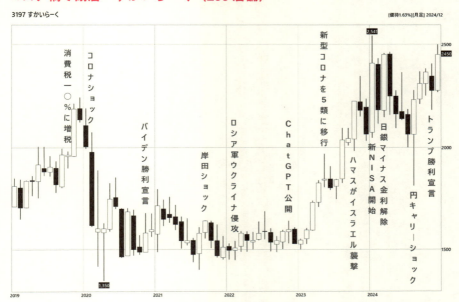

コロナ禍で閉店　ジョイフル（200店舗）

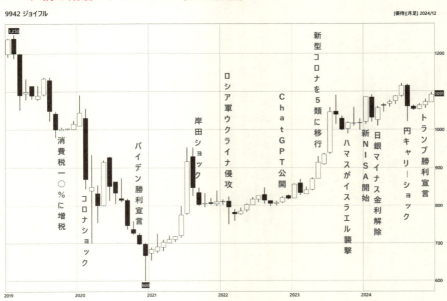

139

コロナ禍で閉店　コロワイド（196店舗）

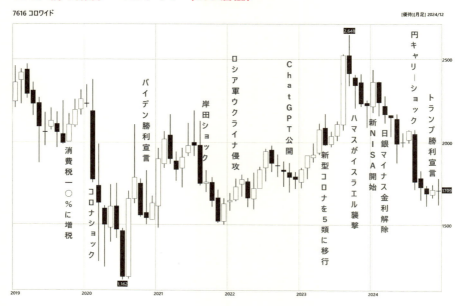

コロナ禍で閉店　オンワード（700店舗）

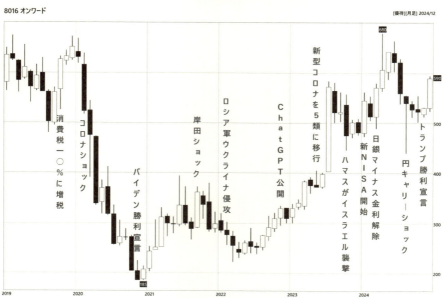

第 1 章 【バブル崩壊編】

コロナ禍で閉店　ワールド（358 店舗）

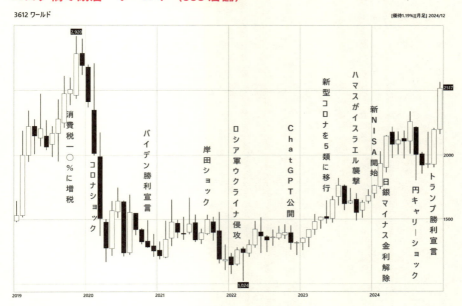

コロナ禍で閉店　HIS（90 店舗）

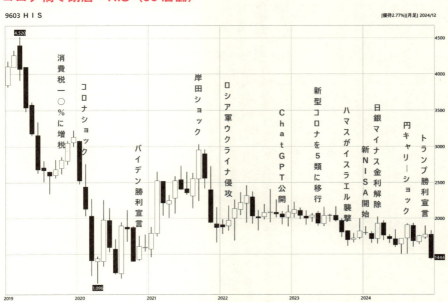

141

大量閉店銘柄の株価チャートを見る限り、多くの銘柄がコロナショック前に近い株価水準を1度は回復しています。

　しかし、2024年12月現在でもコロナショック前を明確に上回って推移しているのは、すかいらーく1社のみとなっており、大量閉店後はコロナ禍が終息しても依然として厳しい経営状況が続いていることがわかります。

 ## コロナと金利・為替の動向

　欧米をはじめ先進国の中央銀行がコロナ禍で突如、全面停止した経済を支えるために金利をゼロまで下げる異例の事態になりました。

　そして、これらの金融施策の結果、アベノミクス下で異次元緩和（ゼロ金利）政策をとっていた日本と各国との金利差が大幅に縮小することになり円の価値が急上昇しました。

　世界各国が協調して大規模な金融緩和を実施したり、政策金利をゼロにしてコロナ禍の経済を支えたことは、危機対応として注目に値することです。

　自分がコロナに感染していつ死ぬかもしれないという究極の恐怖、さらに都市機能のシャットダウンという甚大な物理的ダメージを根源とした世界的な株価暴落はいくぶん緩和されました。

　そして、世界各国が協調して立ち向かう必要があるような危機の局面は絶好の買いチャンスでもあったのです。

図 1-46　コロナショック前後のドル円チャート

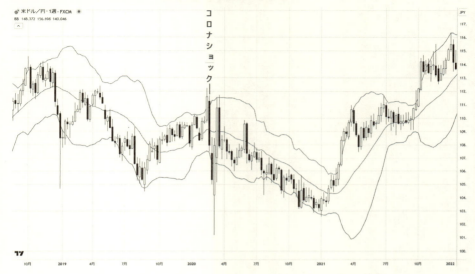

　そのため、コロナ禍初期にあたる2020年のドル円相場は100円〜110円で推移しました。その後、ワクチン開発などでコロナの脅威が後退すると、ドル円相場も少しずつ円安にシフトしていきました。

コロナショックと東日本大震災、リーマンショックの比較

　予測が困難な自然災害という共通点を持っている東日本大震災とコロナショックを比較してみましょう。
　東日本大震災では震災発生から8カ月後に日経平均株価が最安値を記録。このときの安値は震災発生前から−20.7％の下落でした。

●東日本大震災後の日経平均株価
　震災発生直後　　10,254.43円（津波の到達前）
　震災後の最安値　　8,135.79円（−20.7％、8カ月後）

図 1-47　東日本大震災後の日経平均株価チャート

図 1-48　コロナショック後の日経平均株価チャート

144

第1章 【バブル崩壊編】

　一方でコロナショック後の株価暴落は冒頭でも述べた通り−30%を超え、発生からわずか3週間で東日本大震災ピーク時の1.5倍となる下落率を記録しました。

●コロナショック前後の日経平均株価
　コロナショック前　24,031.35円（武漢封鎖前）
　コロナショック後の最安値　16,358.19円（−31.92%）

　コロナショックは1日単位の最大下落率こそワースト20圏外であるものの、影響力の大きさや期間の長さにおいて、戦後ではリーマンショックに次いでスターリン暴落（2カ月で−37.78%）と並ぶ株価暴落だったと言えるでしょう。
　参考までにコロナと東日本大震災の死亡者数と経済損失の推計を記しておきます。

●死亡者数：東日本大震災　1.59万人
　　　　　　コロナ　10万人（2023年末まで）

●経済損失：東日本大震災　16兆円（内閣府調べ）
　　　　　　　※ただし、原発の廃炉や原状回復費用を除く
　　　　　　コロナ　63兆円（2年間。関西大学調べ）

　ちなみにリーマンショックはリーマンブラザーズ証券の倒産前と比較して1カ月半で最大−42.73%の下げになりました。

●リーマンショック前後の日経平均株価
　リーマンショック前　12,214.76円
　リーマンショック後の最安値　6,994.90円（−42.73%）

図 1-49 リーマンショック前後の日経平均株価チャート

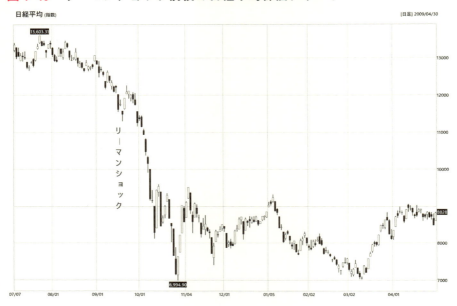

 ## コロナショックとパラダイムシフト

　コロナ禍では外出できない状況が長期間続いたことから、DX（デジタルトランスフォーメーション）と呼ばれるアナログからデジタルへの移行が急速に進みました。

　今では当たり前となったオンライン会議ですが、コロナ前にはまだ出張していた人も多かったのではないでしょうか。ほかにもテレワークと呼ばれる自宅勤務、各種書類から印鑑を廃止する動きなど、古い慣習やシステムの改善、働き方の改革につながりました。

　このように、私たちの行動様式が従来と大きく変わる現象を**パラダイムシフト**と呼びますが、そのきっかけが発明だけではなく、コロナ禍のような社会的な要請にもあることがわかります。

第 1 章 【バブル崩壊編】

株価暴落は 10 倍株の起点になる②

　コロナショック前後の株安局面で株式を購入していた場合、株価は数倍、場合によっては 10 倍以上にまで値上がりしているケースが珍しくありません。

　日経平均株価で見ても 2020 年 3 月のコロナショック安値 1 万 6358.19 円から 4 年後の 2024 年の高値は 4 万 2426.77 円と最大 2.59 倍に上昇しているのですから、当然のことと言えます。このように、**株価暴落は 10 倍株の起点になる**性質があります。株価暴落を前向きに捉えて、長期的視野に立ち、よい企業を探し、投資する機会として利用するとよいでしょう。

　はっしゃんが運営する「【株 Biz】10 倍株 Watch」から、コロナショックで最安値を記録した 2020 年 3 月末を基準として 2024 年 12 月末現在、株価が最大 15 倍以上に上昇した 47 銘柄を紹介します。

■コロナショックからの最大上昇倍率ランキング

1. 〈3856〉A バランス
   現 5.3 倍　最大 98.0 倍
2. 〈3936〉GW
   現 4.8 倍　最大 95.3 倍
3. 〈1514〉住石 HD
   現 8.1 倍　最大 58.6 倍
4. 〈6016〉ジャパンエン
   現 31.6 倍　最大 53.0 倍
5. 〈7692〉E インフィニ
   現 3.8 倍　最大 38.7 倍
6. 〈9107〉川崎汽
   現 28.5 倍　最大 35.4 倍
7. 〈2158〉フロンテオ
   現 4.1 倍　最大 34.0 倍
8. 〈6254〉野村マイクロ
   現 12.1 倍　最大 33.4 倍
9. 〈3778〉さくらネット
   現 13.4 倍　最大 33.0 倍
10. 〈6338〉タカトリ
    現 5.1 倍　最大 31.0 倍
11. 〈3350〉メタプラ
    現 24.9 倍　最大 30.5 倍
12. 〈5803〉フジクラ
    現 26.7 倍　最大 27.7 倍
13. 〈2767〉円谷フィ HD
    現 14.4 倍　最大 26.6 倍
14. 〈6315〉TOWA
    現 7.7 倍　最大 24.3 倍
15. 〈7078〉INC
    現 1.8 倍　最大 23.2 倍
16. 〈5337〉ダントー HD
    現 5.3 倍　最大 23.1 倍
17. 〈6335〉東京機
    現 2.1 倍　最大 22.6 倍
18. 〈4477〉BASE
    現 2.1 倍　最大 22.4 倍

147

19. 〈2338〉 クオンタムS		34. 〈3377〉 バイク王		
現 8.9 倍　最大 21.6 倍		現 4.2 倍　最大 16.5 倍		
20. 〈9268〉 オプティマス		35. 〈6564〉 ミダック HD		
現 7.2 倍　最大 21.2 倍		現 4.0 倍　最大 16.3 倍		
21. 〈4935〉 リベルタ		36. 〈7187〉 ジェイリース		
現 20.0 倍　最大 21.0 倍		現 13.0 倍　最大 16.3 倍		
22. 〈6627〉 テラプローブ		37. 〈6573〉 アジャイル		
現 7.2 倍　最大 20.3 倍		現 1.3 倍　最大 15.8 倍		
23. 〈6946〉 日本アビオ		38. 〈9272〉 ブティックス		
現 16.2 倍　最大 19.9 倍		現 7.8 倍　最大 15.8 倍		
24. 〈7014〉 名村造		39. 〈3083〉 スターシーズ		
現 12.0 倍　最大 19.1 倍		現 5.0 倍　最大 15.7 倍		
25. 〈2150〉 ケアネット		40. 〈5820〉 三ッ星		
現 4.1 倍　最大 18.8 倍		現 2.6 倍　最大 15.6 倍		
26. 〈4575〉 CANBAS		41. 〈3498〉 霞ヶ関 C		
現 5.5 倍　最大 18.4 倍		現 10.5 倍　最大 15.5 倍		
27. 〈7936〉 アシックス		42. 〈5285〉 ヤマックス		
現 17.7 倍　最大 18.2 倍		現 11.7 倍　最大 15.5 倍		
28. 〈3399〉 山岡家		43. 〈9101〉 郵船		
現 16.4 倍　最大 17.6 倍		現 14.5 倍　最大 15.3 倍		
29. 〈7352〉 TWOST		44. 〈6323〉 ローツェ		
現 7.8 倍　最大 17.3 倍		現 6.6 倍　最大 15.2 倍		
30. 〈4107〉 伊勢化		45. 〈3663〉 セルシス		
現 13.8 倍　最大 17.2 倍		現 14.1 倍　最大 15.1 倍		
31. 〈6026〉 GMO テック		46. 〈6036〉 KeePer		
現 9.0 倍　最大 17.2 倍		現 9.9 倍　最大 15.0 倍		
32. 〈6590〉 芝浦メカ		47. 〈8136〉 サンリオ		
現 11.7 倍　最大 16.9 倍		現 14.7 倍　最大 15.0 倍		
33. 〈6532〉 ベイカレント				
現 14.1 倍　最大 16.8 倍				

教訓　コロナのような感染症が暴落を引き起こし、社会を大きく変化させるきっかけになることがある。悪影響が直撃した企業の株価低迷は長引きやすい。社会変化にともなって特需が発生して株価が急騰する企業もある。

対処法　人類への新たな脅威の出現による社会の変化を冷静に判断。暴落中は特需発生企業にバブルが発生し、反転後は暴落株からも 10 倍株が多数出現するので投資機会と捉える。

第 1 章 【バブル崩壊編】

株価暴落 File.11

円キャリートレード巻き戻しショック

[ワースト2位]

発生日：2024/08/05

最大下落率：－12.40％（－4,451.28 円）

図 1-50　円キャリートレード巻き戻しショック前後の日経平均株価チャート

　2024 年 7 月 31 日、日銀が政策金利を 0 ～ 0.1％ から 0.25％ へと引き上げたことをきっかけに史上ワースト 2 位の株価暴落が発生しました。

149

利上げは報道を通じて事前にリークされていたこともあり、正式決定した7月31日の段階では、日経平均株価は＋1.49％とおだやかな値動きでした。流れが変わったのは、株式市場の取引が終了した15時30分から行われた日銀の植田和男総裁の会見がきっかけでした。

　植田総裁がさらなる追加利上げや年内の利上げにも含みを持たせる発言をしたことで、市場の警戒感が一気に高まることになりました。

　そして、ここから株価が3日間で－7945.70円（－20.3％）も下げる株価大暴落がスタートしました。

・円キャリートレード巻き戻しショックの株価推移
　7/31（水）　39,101円　日銀が0.25％への利上げ発表
　8/1（木）　37,737円　－975円（－2.49％）
　8/2（金）　35,909円　－2,216円（－5.81％）
　8/5（月）　31,458円　－4,451円（－12.40％）
　8/6（火）　34,675円　＋3,217円（＋10.23％）

 株価暴落の背景

　2020年のコロナショックから立ち直った米国経済は好景気が過熱。2022年に始まったロシア軍のウクライナ侵攻による資源高や穀物高の影響も重なって、インフレ過熱の様相を呈してきたことから、米国のFRBは段階的に利上げを実施していました。

　利上げを実施すると、企業や個人が借金をするのに必要なコストが上昇するため、景気を冷やす（インフレを抑えるために景気を鈍化させる）効果があります。

一方、日本ではアベノミクス以降、日銀が異次元緩和と称されるマイナス金利やゼロ金利施策を続けていました。そして、日米の金利差が大きく開いた結果、ドル円相場がコロナショック時の1ドル100円程度からピーク時の2024年6月～7月には最大で1ドル160円超まで大幅な円安が進む事態となっていました。

円安には輸出企業の利益を押し上げる効果があり、日本株にはプラスの側面がありますが、輸入に頼っている資源価格や食料価格が上昇してしまうことからインフレが進行することになり、行きすぎた円安が「悪い円安」として問題化していました。

このように利上げする米国と低金利を続ける日本との差が最大まで拡大したあと、やがて逆回転を始めたことが株価暴落の引き金になりました。

図 1-51　円キャリートレード巻き戻しショック前後のドル円チャート

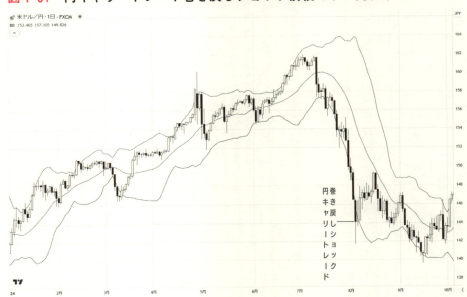

歴史的な円安と転換点

　米国は度重なる利上げの結果、2024年に入って消費者物価指数（CPI）が抑えられたり、2024年半ば頃からは雇用統計の数字からもインフレ収束の兆しが見え始めました。そのため、インフレ過熱よりも景気後退懸念のほうが大きくなり、利上げから利下げへの転換姿勢を明確にします。

　一方の日本では、円安が進んだことから輸入品価格を中心に消費者物価指数が上昇し、デフレからインフレへ移行していました。

　問題は長く続いたデフレの結果、モノやサービスの価格が上昇しても賃金の上昇が鈍かったことです。当時の自民党・岸田文雄政権は企業に対して賃上げを要請して、実際に賃金にも上昇傾向が見られたことから、日銀総裁の植田氏は2024年7月末の日銀の金融政策決定会合で政策金利を0.25％にする追加利上げを実施しました。さらに、その後の記者会見では、今後も継続して利上げを実施していくことにも含みを持たせました。

　これまで拡大する一方だった日米の金利差が縮小に転じた瞬間でした。この利上げは、平成バブル崩壊からアベノミクス以降も続いてきたデフレと決別し、日銀が目標としている継続的な2％成長への転換を明確にするためにも必要であったと言えるでしょう。

　しかし、市場では、0.25％への追加利上げこそ織り込んでいたものの、植田日銀総裁が示した継続的な利上げ見通しがネガティブサプライズとなり、今後の日米のさらなる金利差縮小を見越して急速に円高が進行することになりました。

円キャリートレードの巻き戻し

　為替市場では、日米の金利差を利用して、金利の安い円で資金を調達して、高金利の米国などに投資する**円キャリートレード**が行われてきました。そして、日米金利差の縮小というサプライズが、円キャリートレードにも広がったことで、ドルなどに投資していた資金を解消して円を買い戻す圧力が強まり、さらに円高が進みました。

　その結果、2024年8月5日には前週の1ドル150円台から1ドル141円台まで10円近くも円高が進行します。円高が進行すると、日本株で時価総額の大きい自動車株や半導体関連株などの輸出セクター、そして円キャリートレードで利益を上げていた銀行や損保セクターの利益が減少することになり、悪材料となって株安が進む傾向があります。

　また当時は、日経平均株価が史上最高値圏の4万2000円台から少し下げたものの依然3万9100円台の高値圏にあったため、個人投資家の信用買い残高も積み上がっていました。日経平均株価は34年ぶりに平成バブルの高値を更新していましたが、それは政府の「貯蓄から投資へ」の方針のもとに2024年1月から新NISA（少額投資非課税制度）が開始されていたことや、その新規口座開設数が順調に増加し、新NISA経由で市場に潤沢な資金が供給されていたことも背景にあると言えます。

　そして、日銀利上げと円キャリートレードの巻き戻しをきっかけとした株価急落で売りが売りを呼ぶ展開となり、値幅ではブラックマンデーをも上回る－4451円の過去最大の下落幅を記録する大暴落となりました。下落率でもブラックマンデーに次ぐワースト2位の－12.40％を記録しています。

ブラックマンデーと円キャリートレード巻き戻しショックの共通点と相違点

　ブラックマンデーと円キャリートレード巻き戻しショックには、ともに明確な悪材料があるわけではないが、為替相場の急変動に端を発しているという共通点があります。また、為替変動の収束とともに終わった点も共通しています。

　例えば、ブラックマンデーや円キャリートレード巻き戻しショックが原因で倒産したという企業はありません。これは、平成バブルの崩壊やリーマンショックなどとの大きな違いとなります。

　また、ブラックマンデーには米国発の世界同時株安という特徴がありますが、円キャリートレード巻き戻しショックは日本だけで発生した日本だけの株価暴落となり、米国株などが多少急落したものの、世界同時株安へは波及しませんでした。日本市場が米国の影響を受けやすい反面、米国が日本市場の影響を受けるとは限らない点は覚えておきましょう。

　そして、日本市場が原因となった株価暴落が米国や世界同時株安へとつながらなかった場合、そのインパクトは世界の中ではそれほどでもないものと考えることもできます。

円キャリートレード巻き戻しショック後の動き

　株価暴落後は、日銀が継続的な利上げを行うことをぼやかすような火消し的な発言を行ったこともあり、株価は急速にリバウンドして1カ月程度で下落前の水準をほぼ回復するに至りました。

　しかし、2024年9月末に行われた自民党の総裁選で、株の値上がり益など金融所得課税に積極的と言われる石破茂氏が総裁に選出

されると「石破ショック」と呼ばれる株価暴落が発生するなど、しばらく不安定な動きが続きました。

●石破ショック
　9/30（月）　37,919円　−1,910円（−4.80%）

株価暴落の2つの要素

ここで、ブラックマンデーと円キャリートレード巻き戻しショックの共通点から、NY同時多発テロの検証でも見た株価暴落の2つの要素をあらためて考えてみましょう。

●恐怖
●実現した悪材料

株価暴落の影響力は、この2つの組み合わせで捉えることができます。2つの株価暴落には「恐怖」によって発生した暴落であるという共通点があります。その一方で「実現した悪材料」は特にありません。

2つとも先に紹介したリーマンショックや東日本大震災、コロナショックなどと比べると対照的な株価暴落なのです。

つまり、この株価暴落は市場が期待や恐怖から過度なポジションをとったり、それが逆回転した結果であると言えます。

これらの事実から、**株価暴落は「実現した悪材料」がなくとも「恐怖」のみで発生する**こと。そして、**株価の下落率がどれだけ大きくなるかは、「実現した悪材料」のインパクトよりも「恐怖」の大きさで決まる**ことが推定できます。なぜならば、ブラックマンデ

ーと円キャリートレード巻き戻しショックという下落率ワーストの2大暴落が恐怖に端を発したものだったからです。

一方で「実現した悪材料」は、株価暴落の期間の長さに大きな影響を与えています。ブラックマンデーと円キャリートレード巻き戻しショックは非常に下落率の大きな暴落でしたが、その影響が長引いたタイプの暴落ではありません。

先に紹介したリーマンショックや東日本大震災、コロナショックが株式市場に悪影響を長期間与え続けたことと比べると、ごく短期間の部類になります。

この2つの暴落の共通点から投資家が学ぶ教訓があるとすれば「実現した悪材料」のない暴落は、絶好の買いチャンスになる可能性があるということです。

株価暴落は、これからも何度も繰り返し発生するでしょう。そのときに、これは「恐怖」なのか「実現した悪材料は何なのか」を考えると、1つの行動指針になると思います。

 ## 利上げで株価が下がる理由

円キャリートレード巻き戻しショックからの学びは、政策金利の変動が経済や株価に大きな影響を与えることです。日銀は金融施策を通じて景気をコントロールする仕事をしています。

例えば、金利が上昇すればするほど、銀行へ預けた預貯金の利子が増えますので、銀行に資産を預けたいと思う人が増えることになります。ただし、同時に銀行から借金をする場合の金利も上がるため、借金をしたり、住宅ローンを組んだりする場合のコストも増えてしまいます。

第1章 【バブル崩壊編】

> ●金利を上げる（金融引き締め）　景気の過熱を抑制する効果
> 　　　　　　　　　　　　　　　　借金がしづらい

> ●金利を下げる（金融緩和）　　　景気を刺激し浮上させる効果
> 　　　　　　　　　　　　　　　　借金がしやすい

　景気が過熱すると、物価上昇が止まらなくなり、過度なインフレへとつながるリスクがあります。そこで、景気が過熱してきた場合には政策金利を引き上げて調節します。これが金融引き締め策で、2024年7月末の日銀の追加利上げは、このケースに当たります。

　一方で景気の低迷が続くと、お金が滞留して経済が不活性化するデフレ状態となります。このような場合は政策金利を下げることで、預貯金で得られる金利のメリットを少なくし、逆に低金利で借金をしやすくなるように誘導します。これが金融緩和で、景気を浮上させる効果があります。

　株式はリスク商品で、値上がりすることもあれば、値下がりすることもあります。投資家はリスク管理をしつつ、配当や値上がり益に期待して株式を購入します。

　一方で、預貯金は元本が保証されていますから、株式と比べるとリスクは極めて限定されています。

　仮に期待できるリターンが同じであれば、リスクのある株式よりもリスクが限定された預貯金を選ぶ人のほうが多いのではないでしょうか。

> ●金利を上げる（金融引き締め）　株式よりも預貯金が有利に
> 　　　　　　　　　　　　　　　　なる

●金利を下げる（金融緩和）　　　預貯金よりも株式が有利に
　　　　　　　　　　　　　　　　なる

　そこで、金利が上がれば上がるほど株式よりも預貯金が有利にな
り、逆に金利が下がれば下がるほど預貯金よりも株式が有利になる
ことになります。

　ここではわかりやすいように預貯金で説明しましたが、投資家が
株式と比較する対象は主に債券（国債や社債）です。例えば、米国
債10年物は米国の政策金利に連動して2024年12月末現在で4.5%
前後の金利で推移しています。

　日銀やFRBが政策金利を変更すると株価に影響がある理由に
は、このような経済の仕組みがあります。

　教訓　中央銀行の政策金利の変更は株価暴落につながりやすい。
特に利上げの有無や利上げ幅に対する市場コンセンサスと差が
あった場合に暴落が発生しやすい。
　対処法　政策金利は為替に影響し、為替変動は企業業績や株価
に大きな影響を与える。円安メリット株と円高メリット株で値
動きを分類してみると状況を把握しやすい。

第1章 【バブル崩壊編】

株価暴落 File.12

岸田ショック・石破ショック

[ワースト20圏外]

発生日：2021/10/01、2024/09/30
最大下落率：－2.31％（－681.59円）、
　　　　　－4.80％（－1,910.01円）

2021年9月～10月の岸田ショック

　2021年9月29日、菅義偉首相の後任を選ぶ自民党総裁選挙の投票が行われました。総裁選には、

- ●岸田文雄氏
- ●高市早苗氏
- ●河野太郎氏
- ●野田聖子氏

の4名が立候補しました。選挙は1回目の投票で過半数に達した候補者がいない場合は、上位2名の決選投票になります。

　1回目の投票は国会議員票に全国の自民党員票を加算して集計され、決選投票になった場合には国会議員票と47の都道府県連票による上位2候補への投票になる仕組みです。
　投開票は平日にも行われるため、株式市場に大きな影響を与えることもあります。

159

図1-52　岸田ショック前後の日経平均株価チャート

　そして、1回目の投票で過半数を得る候補者は現れず、1位が岸田氏、2位が河野氏で決選投票が実施されることになりました。

　そして、1回目投票の結果、岸田氏の優位が鮮明になってから株式市場では下げが加速する事態になりました。岸田氏は「新しい資本主義」を経済施策としており、成長と分配や所得倍増計画のほか、金融所得課税の強化にも言及するなど株価にはネガティブな施策も掲げていました。
　そのため、株式市場では岸田首相就任後の経済施策がアベノミクスで株価を浮上させた安倍氏や、その路線を継承した菅氏とは違ったものになるという警戒感が広がりました。

　そして、9月29日の株式市場は−639円（−2.12％）で取引を終了し、その後に行われた決選投票の結果、1回目投票で優位に立っ

ていた岸田氏がそのまま新総裁に選出されました。

●岸田ショックの株価推移

09/28　30,183.96 円　岸田氏の総裁への選出前
09/29　29,544.29 円　−639.67 円（−2.12％）
09/30　29,452.66 円　−91.63 円（−0.31％）
10/01　28,771.07 円　−681.59 円（−2.31％）
10/04　28,444.89 円　−326.18 円（−2.12％）
10/05　27,822.12 円　−622.77 円（−2.19％）
10/06　27,528.87 円　−293.25 円（−1.05％）
岸田ショック合計　−2,711.19 円（−8.97％）

　岸田氏は2021年10月4日に新首相に指名され、第100代の内閣総理大臣に就任しましたが、9月29日の自民党総裁選から首相指名後の10月6日まで6日連続で株価が下落することになりました。日経平均株価は合計で−2711円（−8.97％）の大幅下落。この下落については岸田ショックという言葉も聞かれました。

岸田ショック後の日経平均株価

　就任直後こそ評価の低かった岸田氏でしたが、首相就任後は安倍氏、菅氏のアベノミクスを継承し、新しい資本主義でいう「所得倍増計画」を「金融所得倍増計画」に改めて「貯蓄から投資へ」の流れを推進しました。
　東京証券取引所では、2022年4月から市場改革を実施して東証1部、東証2部、マザーズ市場、ジャスダック市場を東証プライム市場、東証スタンダード市場、東証グロース市場に再編成し、東証

プライム市場の上場条件を見直すなど市場改革に着手します。

図1-53　岸田ショック後の日経平均株価チャート

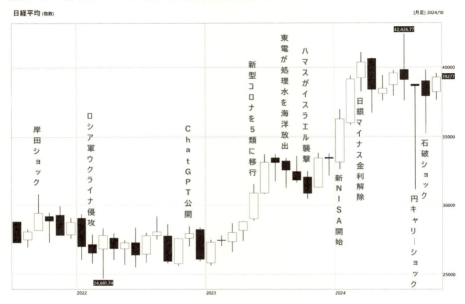

　このような改革を背景に、岸田氏は2022年5月にロンドンで基調講演を行いました。そのスピーチで岸田氏は「アベノミクスで日本経済を変えたい。アベノミクスは買いだ」と述べてアベノミクスを継承する立場を明確にし「Invest in Kisida（岸田に投資を）」と呼びかけました。

　一方の東京証券取引所は、2023年3月末に株価がPBR1倍未満（会社の解散価値を下回る低い評価を受けている）の企業などに対して、資本コストや株価を意識した経営の実現を要請し、企業側に改革を促しました。その結果、中期経営計画を公表したり、株主配当の増額や株主優待の新設、自社株買いの実施などを行う企業が増え、経営効率の悪さが指摘されていた日本の株式市場の底上げにつ

第1章 【バブル崩壊編】

ながりました。

そして、2024年1月からは新NISA（少額投資非課税制度）が開始され、つみたて投資枠と成長投資枠合わせて年間360万円、最大で1800万円までの投資が非課税になりました。この改革によって、金融機関には新NISAの口座開設申込が殺到し、口座開設数は2024年3月末時点で2300万口座にのぼりました。こうして、株式市場に新しい資金が供給されることになりました。

そして、株価も岸田ショックから1年程度の低迷を経て上昇を開始します。日経平均株価は2024年2月に34年ぶりにバブル高値を更新し、2024年3月には初めて4万円台に到達しました。

一方、好調な株価とは対照的に、為替市場ではコロナショック時には1ドル100円程度だったドル円の為替レートが160円台になるなど円安が進み、資源や食料品など輸入品価格が急上昇しました。

その結果、消費者物価指数は2023年には3.1%の上昇、2024年も2%を上回る見通しとなり、物価の上昇に賃金の上昇が追いつかず、国民の可処分所得は減少することになりました。

加えて、安倍元首相の暗殺事件をきっかけに表面化した自民党議員と統一教会との癒着問題や自民党の議員に多数の裏金問題が発覚したことなどで、岸田氏の支持率は低迷します。そして、岸田氏は2024年9月の自民党総裁選への立候補を断念し、後進に道を譲ることになりました。

●岸田氏就任時の日経平均株価　28,444.89円
●岸田氏退任時の日経平均株価　38,563.74円
　　　　　　　　　　　　　　＋10,118.85円（＋35.57%）

図 1-54　はっしゃん作成・日経平均株価の首相足チャート

　はっしゃんは、株Bizで日本の歴代総理大臣が就任期間に株価をどれだけ上げたかを示す「首相足チャート」を公開しています。岸田氏の就任期間は、2021年10月4日から2024年10月1日までです。その期間で日経平均株価を＋35.57%押し上げて、日経平均株価やTOPIXの歴代最高値更新に貢献するとともに、1980年以降の上昇率で第4位を記録しています。

●首相足上昇率トップ4
　1位：中曽根氏　＋188.58%
　2位：安倍氏　＋129.47%　※2012〜2022年の2期目
　3位：竹下氏　＋47.7%
　4位：岸田氏　＋35.57%

　岸田氏は、市場改革を進めて、34年ぶりの株高を実現した首相

としては評価できる点もありますが、その株高が160円の超円安下で達成されたものであること、そのため、世界の基軸通貨であるドルベースで考えると、国富や国際競争力が必ずしも向上したわけではないこと、円安の副作用でインフレが進み、国民に生活向上の実感が少ないことを考えると、真の評価には歴史的な時間の経過が必要となるでしょう。

石破ショック後の日経平均株価

図 1-55　石破ショック前後の日経平均株価チャート

　2024年9月27日、岸田首相の後任を決める自民党総裁選挙の投票が実施されました。
　この総裁選は、自民党の多くの派閥が裏金問題への反省から解散したことで、派閥統制の論理が崩れ、若手議員を含めて過去最大と

なる9人が立候補する目新しい選挙になりました。

●高市早苗氏　　　　　●加藤勝信氏
●小林鷹之氏　　　　　●河野太郎氏
●林芳正氏　　　　　　●石破茂氏
●小泉進次郎氏　　　　●茂木敏充氏
●上川陽子氏

　総裁選1回目の投票では、前回も立候補して、アベノミクスの継承を主張する高市早苗氏がリードして1位となり、2位には地方圏や党員票で人気の高かった石破氏が続きました。

　市場からの評価が高かった高市氏が順当に1位となったことを好感して、総裁選当日の2024年9月27日の日経平均株価は大きく上昇して終了しました。この時点では、岸田ショックのような株価急落はありませんでした。

　ところが、取引終了後に行われた決選投票の結果、1位の高市氏は失速し、2位だった石破氏が総裁に選出される逆転劇になりました。新総裁に石破氏が決まった瞬間から日経平均株価先物は上昇から一転、大幅な下落に転じました。そして、週明けの9月30日月曜日に市場取引が始まると、日経平均株価は大幅安でスタートし、そのまま反発することもなく、−1910.01円（−4.80％）のショック安となりました。

　石破氏は自民党内で最もリベラルな主張をしてきた政治家で、党内基盤が強いタイプではありません。テレビ番組で自民党の施策にも公然と反論する歯切れのよさから、国民人気は高い政治家でしたが、市場は石破氏の当選を悪材料と捉えました。

●石破ショックの株価推移
09/27 39,829.56円 ＋903.93円（＋2.32％） 高市氏が1回目1位
09/30 37,919.55円 －1,910.01円（－4.80％） 石破氏が逆転

　石破ショックは、1日単位では岸田ショックを大幅に上回る株価急落となった一方で、翌日には反発して、短期間で回復する結果になりました。

　これは、ショック安のあとに石破氏がこれまでの岸田路線を継承すると発言したことや、ただちに衆議院を解散して、10月中にも選挙を実施すると表明したことによるものです。

　10月4日に石破氏は第102代の内閣総理大臣に就任し、週明けの10月7日には日経平均株価は石破ショック前の株価を回復しました。

岸田ショックと石破ショックの共通点

　岸田ショックと石破ショックには、ともに総裁選で金融資産課税など株価にネガティブな施策を唱えていた候補者が自民党総裁に選出されたことで市場がその経済施策を警戒してネガティブな反応をした、という共通点があります。

　しかし、岸田氏も石破氏も総裁就任後には持論を抑えて、既存路線の継承に変更した点でも共通しています。

　この2つの政治ショックとその後の株価の推移は、**自民党総裁選の結果に株式市場が大きく反応して急落した場合、むしろ買いチャ**

ンスになる可能性があることを示唆しています。

　自民党は米国の民主党や共和党とは異なり、左寄りから右寄りまで幅広い施策を掲げる政治家がそろった政党です。そして、その多様な人材から、その時々の社会状況や世論に最も合致する候補者（つまり、選挙で勝てる候補者）を総裁として選出することで政権を維持してきました。

　自民党の党内選挙で選ばれた総裁が、持論よりも党内の融和（つまり、選挙で勝つために結束すること）を重視し、中立的な施策に転換することは決して珍しくはありません。一貫性がないと批判されることも、もちろんあります。しかし、これが「和を以て貴しと為す」という日本の伝統的な政治スタイルの特徴であることを、皆さんはご存じでしょう。

　仮に外国人投資家が候補者の施策や発言で売買判断しているとするならば、それは日本の政治を十分理解していないと言えるのではないでしょうか。

　そして、外国人投資家の日本的政治に対する無理解は、日本の個人投資家にとって投資チャンスにつながるかもしれません。

教訓　政治や選挙も株価暴落の引き金になる。市場の期待が裏切られた場合、株価は暴落する。ただし、一過性で終わるケースも多い。

対処法　政治の変化が実体経済に悪影響をおよぼさない限り、暴落後は買いのチャンスになることが多い。政治家の軌道修正や市場への配慮などで投資家の失望感が収まったときが転換点になりやすい。

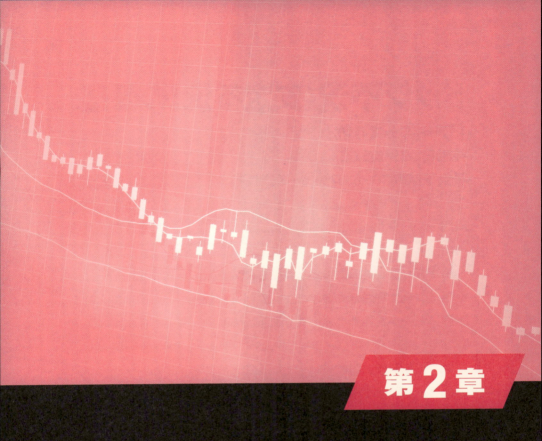

第2章

【高度経済成長期編】
景気の転換点を捉える方法

株価暴落 File.13
ドッジ不況（安定不況）の暴落
[ワースト14位]

発生日：1949/12/14
最大下落率：－6.97%（－7.38円）

　第2章では、終戦直後から高度経済成長期にかけて発生した株価暴落について解説していきます。教科書に載っていた出来事もあると思いますが、株価チャートも交え、より深く掘り下げます。

　ドッジ不況は、GHQが1949年3月7日に発表したドッジ・ラインによる金融引き締め施策を実施したことで起こった不況です。
　当時の日本はまだ米国の占領下にありました。
　戦後のインフレを収束させるために行ったドッジ・ラインでしたが、極端な緊縮政策や1ドル360円の固定相場制をとったことで、通貨の流通量が収縮して企業の倒産や失業が急増しました。
　政府がインフレを収束させるために極端な金融引き締めを行うことで引き起こされる経済的な混乱は「安定不況」とも呼ばれます。
　そのため、第二次世界大戦による株式市場の閉鎖と終戦を経て1949年5月16日から売買が再開された日本の株式市場では、株価下落が続くことになりました。なお、当時は日経平均株価を東証平均株価と呼んでいました。日経平均株価という名称で呼ぶようになったのは1985年からですが、ここでは便宜上、東証平均株価のことも日経平均株価と呼ぶことにします。

図 2-1 ドッジ不況～朝鮮戦争後の日経平均株価チャート

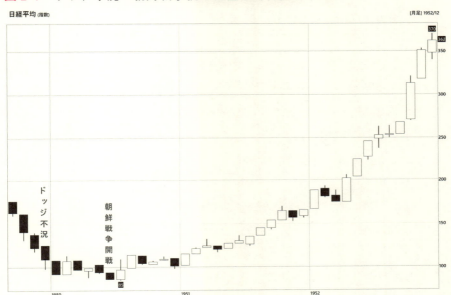

　ドッジ不況で最大の株価暴落は1949年12月14日に発生した－6.97％の下落です。

●ドッジ不況最大の暴落
　1949/12/13　105.88 円
　1949/12/14　 98.50 円　－7.38 円（－6.97％）

　この株価暴落は、ドッジ不況下で続いた株価下落の1シーンに過ぎません。ドッジ不況では、1949年5月の176.21円から1950年1月の92.54円まで日経平均株価が下げ続けて、わずか5カ月間で－47.48％もの株価暴落となりました（これはリーマンショックと同レベルの下落率になります）。

●ドッジ不況5カ月間の暴落

1949/05/16 176.21 円
1950/01/14　92.54 円　−83.67 円（−47.48%）

　そして、1950 年 1 月 14 日に安値を付けたあとは、いったん反発して底値圏でもみ合う動きになりましたが、1950 年 7 月 6 日には日経平均株価の最安値となる 85.25 円を記録します。
　戦後の取引再開からわずか 1 年 2 カ月で日経平均株価が半値以下となってしまう悲惨な状況でした。

● 1950 年 7 月の日経平均株価の最安値
　1950/07/06　85.25 円 高値比−90.96 円（−51.26%）

　ところが、1950 年 6 月 25 日に北朝鮮が韓国に侵攻して朝鮮戦争が始まったことで、状況は一変します。株価は最安値を付けた 1950 年 7 月から反転を開始し、そこから上昇を続けることになります。
　戦後の日本経済は朝鮮戦争による戦争特需で復活の第一歩を踏み出すことになりました。

教訓　ハイパーインフレを抑え込むための過度の金融引き締め政策は株価暴落やデフレなどの経済混乱につながりやすい。
対処法　インフレの抑え込みが臨界点を超えると株価暴落につながるので注意。インフレが止まらないうちは株式への投資は有効なので、その後、景気後退局面に入るかどうかを見極める。

第 2 章 【高度経済成長期編】

株価暴落 File.14
スターリン暴落
[ワースト5位、ワースト17位]
発生日：1953/03/05、1953/3/30
最大下落率：−10.00%（−37.81 円）、
　　　　　　− 6.73%（−23.03 円）

図 2-2　スターリン暴落前後の日経平均株価チャート

　スターリン暴落は、戦後の 1950 年から 1953 年にかけて朝鮮戦争による特需で株価が急激に上昇していった結果、特需バブルが弾けて発生した株価暴落です。朝鮮戦争は 1950 年 6 月 25 日に北朝鮮軍が韓国に侵攻して始まりました。
　北朝鮮は日本の敗戦後にソ連が占領していた地域で、ソ連の指導

者スターリンの影響下にありました。

朝鮮戦争の特需

　朝鮮戦争では、先に侵攻した北朝鮮が韓国の首都ソウルを陥落させたあと、国連軍が反撃に出て北朝鮮に反攻していきました。その後、中国が人民義勇軍を送って盛り返したところで膠着状態になりました。

　1951年6月にソ連が休戦を提案したものの、戦闘は継続していました。この朝鮮戦争で日本は、米軍を主体とする国連軍の基地となり、膨大な戦争特需が発生します。そして、日経平均株価は朝鮮戦争前の91.94円から1953年2月4日の474.43円まで、2年半で＋416.02％（5.1倍）も上昇する戦争特需バブルになりました。

●朝鮮戦争前（1950/6/24）：91.94円
●朝鮮戦争特需バブル高値（1953/2/4）：474.43円（戦争前比＋416.02％）

　このような状況でバブル高値から−17％程度下げていた1953年3月4日、スターリンの重病説が伝わったことで、いよいよ朝鮮戦争の休戦が実現して戦争特需が終わるとの見通しが優勢になり、割高な状態にあった特需のバブルが弾けて株価暴落が発生しました。

　翌3月5日にはスターリン死去が報じられ、株価はさらに下落し、−10.00％となる340.41円まで下落しました。

●スターリン暴落直前（3/3）：393.14円
●スターリン重病報道（3/4）：378.22円 −14.92円（−3.79％）

第2章 【高度経済成長期編】

> ●**スターリン死去報道**（3/5）：340.41円 −37.81円（−10.00%）

　その後の日経平均株価は乱高下したものの、3月30日に再び史上ワースト17位となる−6.73%の暴落が発生し、4月1日にはスターリン暴落後の安値となる295.18円を記録しました。

　そして、朝鮮戦争は1953年7月27日に休戦協定が結ばれ、戦争特需は終了しましたが、やがて日本は神武景気へと入っていきました。

　スターリン暴落は3月3日の暴落前から4月1日の暴落後安値まで約1カ月間で−24.91%下げる暴落となりました。

　また、朝鮮戦争バブル高値の474.43円からは2カ月間で−179.25円（−37.78%）も下げたことになります。これは、コロナショックを上回り、リーマンショックに次ぐ戦後2番目の株価暴落です（2カ月以内の下落率の場合）。

　ちなみに期間を長くとった場合に最も下落率が高かったのは平成バブル崩壊の暴落です。1989年12月末の高値3万8957円からバブルが崩壊して下げ続け、約20年後の2008年11月に6994円のリーマンショック安値を記録しました。バブル高値から安値までの下落率は−82.0%です。日経平均株価という平均指数ベースの企業価値が5分の1以下になったことになります。

　このようにバブル崩壊にともなう暴落は「山高ければ谷深し」という言葉の通り、下落率が高くなるのが特徴です。

> ●**スターリン暴落2回目**（3/30）：318.96円 −23.03円（−6.73%）
> ●**スターリン暴落後安値**（4/1）：295.18円（暴落前比−24.91%）
> 　　　　　　　　　　　　　　　　（朝鮮戦争バブル高値比−37.78%）

175

図 2-3　スターリン暴落後の日経平均株価チャート

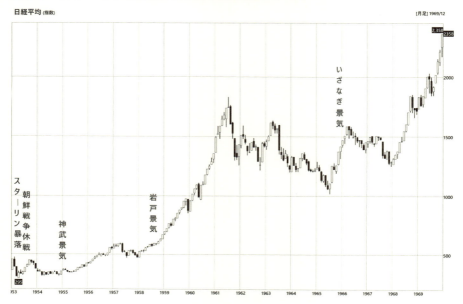

 ## 朝鮮戦争後の日本

　朝鮮戦争後も日本は高度経済成長を続けていったため、日経平均株価がスターリン暴落後の安値 295.18 円を下回ることは 2 度とありませんでした。

　スターリン暴落は、朝鮮戦争特需のバブルとセットになっているため、バブルの頂点から株価暴落の底までの値動きが非常に大きかったのが特徴です。

　ただし、その後は、1954 年 12 月から 1957 年 6 月にかけての**神武景気**、1958 年 7 月から 1961 年 12 月にかけての**岩戸景気**、1965 年 11 月から 1970 年 7 月まで続く**いざなぎ景気**を経て、株価も飛

躍的に上昇していくことになりました。

■高度経済成長期の好景気の名称
●神武景気：1954 年 12 月〜 1957 年 6 月
　　　　　日経平均株価：326 円→ 521 円（＋59.81%）
●岩戸景気：1958 年 7 月〜 1961 年 12 月
　　　　　日経平均株価：586 円→ 1,432 円（＋144.36%）
●いざなぎ景気：1965 年 11 月〜 1970 年 7 月
　　　　　日経平均株価：1,268 円→ 2,159 円（＋70.26%）

　結果的に見ると、1953 年のスターリン暴落から 1954 年 12 月に始まる神武景気までの調整期間は高度経済成長期に入る前の絶好の買いチャンスだったことになります。

教訓　海外の要人の死が株価の暴落につながることもある。また、他国の戦争で特需が発生する国の株価は上がりやすい。その場合、戦争終結が株価暴落につながることもある。
対処法　要人の死による暴落は一過性で終わるケースが多い。戦争が発生すると戦争特需があり、戦争が終結するとその特需が終わって株価が暴落するケースがあることも理解する。

株価暴落 File.15

IOS ショック
[ワースト9位]

発生日：1970/04/30

最大下落率：−8.69％（−201.11円）

図 2-4　いざなぎ景気～ IOS ショックの日経平均株価チャート

　IOS ショックは、いざなぎ景気末期に発生した株価暴落です。当時の世界最大のファンドだった投資信託運用企業 IOS（Investors Overseas Services）の経営危機がきっかけで発生して、いざなぎ景気が終わる要因となりました。

　いざなぎ景気は 1965 年 11 月から 1970 年 7 月まで続いた戦後最

第 2 章　【高度経済成長期編】

長の好景気で、その間に日経平均株価は開始時の 1,268.00 円から
ピーク時には 2534.45 円まで＋99.87% の上昇となっており、株価
に過熱感があったことも背景になっています。

　IOS ショックによって株価は調整期間に入り、翌 1970 年 5 月に
日経平均株価は 1,929 円の安値を記録。いざなぎ景気の頂点からは
−604.7 円（−23.86%）下げることになりました。

●いざなぎ景気ピーク（1970/04）

　日経平均株価：2,534.45 円

● IOS ショック後の安値（1970/05）

　日経平均株価：1,929.64 円　−604.7 円（−23.86%）

　なお、高度経済成長期の 3 大景気の天井から底までの下落率は次
のようになっています。

●神武景気　595.46 円　→　471.53 円（−20.81%）

●岩戸景気　1,829.74 円　→　1,020.49 円（−44.22%）

●いざなぎ景気　2,534.34 円　→　1,929.64 円（−23.86%）

　株価が大きく値上がりした時期ではありますが、ピーク後にはそ
れなりの調整相場もあったことがわかります。

　IOS ショックをきっかけとして、日本の高度経済成長期は終わり
を告げ、不況の 1970 年代へと突入していくことになりました。

■不況の 1970 年代に発生したショック

● 1971 年　ニクソンショック　　　　● 1973 年　第一次オイルショック

● 1972 年　ポンドショック　　　　　● 1978 年　第二次オイルショック

179

図 2-5　IOSショック後の日経平均株価チャート

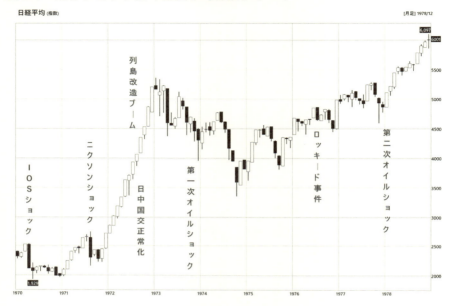

> **教訓**　投資ファンドの破綻は株価暴落につながりやすい。破綻が一過性のものか、銀行などを巻き込んだ信用収縮まで発展するかどうかを見極める。
>
> **対処法**　投資ファンドの破綻と景気後退が連動している場合は株価低迷が長引くので要注意。破綻をシグナルと捉えて景気後退が続くかどうか注視する。

第 2 章 【高度経済成長期編】

株価暴落 File.16

ニクソンショック（ドル・ショック）

[ワースト11位]

発生日：1971/08/16

最大下落率：−7.67％（−210.50円）

ポンドショック

[ワースト19位]

発生日：1972/06/24

最大下落率：−6.61％（−242.14円）

図 2-6　ニクソンショック前後の日経平均株価チャート

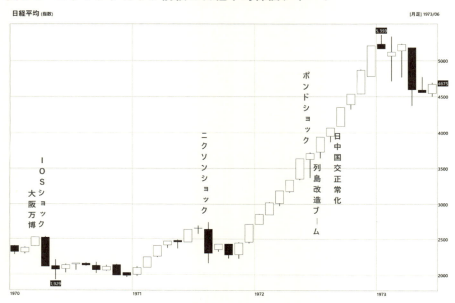

　ニクソンショック（ドル・ショック）とポンドショックは、米国とイギリスが通貨を固定相場制から変動相場制に移行したことをきっかけとして発生した株価暴落です。

ニクソンショック（ドル・ショック）

　1971年8月15日、米国のニクソン大統領は、ドルと金の交換レートを固定してきた金本位制を停止し、変動相場制に移行することを発表しました。

図 2-7　金本位制時の為替レート

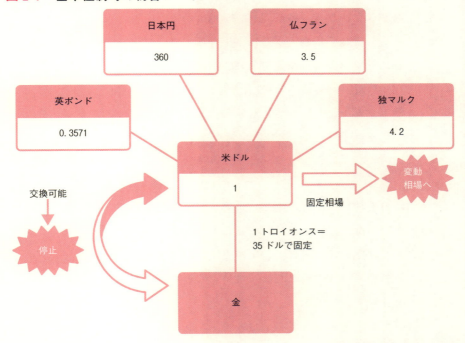

※日本経済新聞「ニクソン・ショックとは」2021年8月17日記事より引用

　この変更は各国に事前周知されず突然発表されたことから、世界に驚きを与えるとともに世界経済に大きな影響をもたらすことになりました。

　ニクソンショック翌日の8月16日には日経平均株価が−7.67％の史上ワースト11位の株価暴落となり、その後も下げが続いて8月24日にはショック前から−21.09％の下げを記録しました。
　しかし、1971年12月18日に米国のスミソニアン博物館で開かれた日米欧の蔵相会議で合意が成立（スミソニアン協定）したこともあり、株価は反発に転じました。

■ニクソンショック後の株価推移
- ニクソンショック前（1971/08/14）
  日経平均株価：2,740.98 円
- ニクソンショック直後（1971/08/16）
  日経平均株価：2,530.48 円 −210.50 円（−7.67％）
- ニクソンショック後の最安値（1971/08/24）
  日経平均株価：2,162.82 円
  ニクソンショック前比 −578.16 円（−21.09％）

　当時の為替レートは、第二次世界大戦で疲弊した日本や欧州の経済状況を前提に設定されていました。その後、日本や欧州が経済力を大きく回復させたことで、ドルと円や欧州各国通貨との為替レートが経済の実情に合わなくなっていたことがニクソンショックの背景にあります。

　そのため米国では、ドルや金の流出が深刻化しました。ニクソンショック時には、米国が保有している金の量111億ドル相当に対して流通しているドル通貨は193億ドルに達しており、1ドルを金35トロイオンスと交換するという金本位制の維持が困難になっていました。圧倒的な米国一強だった時代が終わったとも言えます。

　この変更にともなってドル円相場も1ドル360円の固定相場制から1ドル308円のスミソニアン協定レートを経て、1973年2月からは変動相場制へと移行しました。

 ## スミソニアン協定とは？

　1971年12月18日にワシントンのスミソニアン博物館で開かれた10カ国蔵相会議で合意された通貨体制を指します。

第 2 章 【高度経済成長期編】

　スミソニアン協定では、ドルの切り下げと各国の為替変動幅の拡大について合意しつつも日本や欧州諸国は固定為替相場制の維持を図りました。このときに円は 1 ドル＝360 円から 308 円に変更されました。その後、1973 年 2 月に日本は変動為替相場制に移行し、同年 3 月には欧州諸国も移行して、スミソニアン協定は終焉しました。

■ドル円の為替レート推移
● 1949 年 4 月～　固定相場制時代（1 ドル 360 円）
● 1971 年 12 月～　固定相場制時代（1 ドル 308 円）
● 1973 年 2 月～　変動相場制時代

 ポンドショック

　ポンドショックは、ニクソンショック後に合意したスミソニアン協定レートでもポンド急落が止まらず、イギリス政府が 1972 年 6 月 23 日に日本に先駆けて変動相場制への移行を発表して為替市場を閉鎖したことにともなう株価暴落で、ニクソンショックの余波のような暴落です。

■ポンドショック前後の株価推移
●ポンドショック前（1972/06/23）
　　日経平均株価：3,663.16 円
●ポンドショック直後（1972/06/24）
　　日経平均株価：3,421.02 円　−242.14 円（−6.61％）
●ポンドショック後の最安値（1972/06/25）
　　日経平均株価：3,369.64 円　ポンドショック前比　−8.01％

ポンドショック時の日本は、田中角栄首相が提唱した日本列島改造論による「列島改造ブーム」で株価が上昇する過程にあったため、株価暴落への影響はごく軽微にとどまりました。

図 2-8　列島改造ブーム前後の日経平均株価チャート

> **教訓**　為替システムの大きな変更は株価暴落につながりやすい。為替が落ち着くまでは株価も不安定になりやすく影響が長引くことがある。
>
> **対処法**　株価と為替の連動に注意を払う。特に世界の基軸通貨であるドル安には注意。日本株は円安なら上がりやすく、円高になると下がりやすい規則性も頭に入れておく。

第 2 章 【高度経済成長期編】

株価暴落 File.17

オイルショック（第一次）

[ワースト圏外]

発生日：1974/10/09

最大下落率：−5.41％（−191.78 円）

　第一次オイルショックは、1973 年 10 月に始まった第四次中東戦争をきっかけとしたインフレにともなう世界的な経済混乱です。

　当時、日本ではトイレットペーパーが売り切れて買えなくなるほどの経済混乱が発生しました（コロナショックでも再現されましたが）。

図 2-9　第一次オイルショック前後の日経平均株価チャート

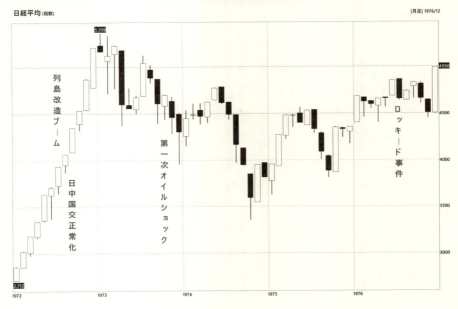

第一次オイルショックで最大の下落となったのが 1974 年 10 月 9 日で−5.41%（−191.78 円）の株価暴落となりました。

●第一次オイルショック（1974/10/09）：−191.78 円（−5.41%）

また、この日の日経平均株価は同時に 3355.13 円の第一次オイルショック最安値を記録しています。第一次オイルショック安値を直前の列島改造ブーム高値と比較すると、

●列島改造ブーム高値（1973/01/24）：5,359.74 円
●第一次オイルショック安値（1974/10/09）：3,355.13 円
●列島改造ブーム高値比：−2,004.61 円（−37.40%）

株価は高値から約 1 年 9 カ月で−37% もの下落となっており、第一次オイルショックの影響の大きさがうかがえます。

株価下落が最も大きかった 1974 年は第一次オイルショックでインフレが最も激しかった時期にあたり、消費者物価指数は前年比＋23.2% にまで急上昇していました。

消費者物価指数は、日本国内の物価動向を測る指標の 1 つで一般家庭が購入する商品やサービスの価格を集計した統計データです。一般の消費者が購入する日用品、食品、住居費、娯楽など幅広い商品やサービスが対象です。

もっとも、この第一次オイルショックのピークで安値を付けて以降、日経平均株価は一貫した上昇を続けました。

株価が下落に転じなかったのは、原油価格の高騰を受けて「狂乱物価」と呼ばれる激しいインフレが発生したことが要因です。

図 2-10　第一次オイルショック前後の消費者物価指数

※アセットマネジメント One「わらしべ瓦版　オイルショックで世の中どうなった？」
2020 年 7 月 3 日記事より引用

**インフレは通貨の価値が下がり、商品の価値が上がる現象です。
株価もまた例外ではありません。**

　インフレで株価が上昇するメカニズムは単純です。インフレになると、商品やサービスの価格が値上がりするため、企業にとっては売上が上昇することになります。

　もちろん輸送費や光熱費などのコストも上昇することになりますが、従業員の賃金は企業の業績が向上したあとで遅れて上昇する傾向になるため、コスト上昇分を商品やサービス価格に転嫁できれば、企業は利益を増やしやすくなります。そして、利益が増えれば株価は上がりやすくなります。

　もっとも、行きすぎたインフレは経済混乱をもたらすため、中央銀行は政策金利を上げることで景気をコントロールします。

　当時の日銀も過度なインフレを抑えるため、公定歩合（現在の政策金利に相当）を 1980 年 3 月には過去最大の 9％ まで引き上げています。このような金融引き締め策で景気は徐々に悪化して不況に陥っていくことになりましたが、株価自体はインフレを背景に総じて強かったと言えます。

図 2-11　第一次オイルショック以降の日経平均株価チャート

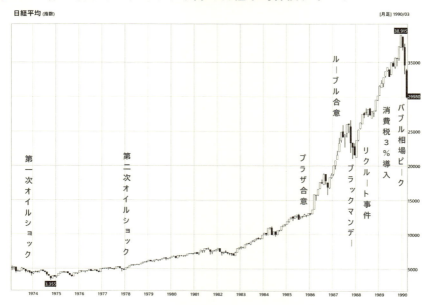

　その後も、イラン革命（1979年2月）やイラン・イラク戦争（1980年9月開戦）の影響で原油価格が高騰したことで第二次オイルショックが発生しました。このときはインフレも限定的だったため、株価への影響は比較的小さく（1982年に下げ相場に見舞われた程度）、長期的な上昇トレンドが続きました。

　そして、その後も株価は上昇を続けることになり、ブラックマンデーでの小休止を経て、平成バブルという日本株史上で最大のバブル相場へと助走していくことになります。

 イスラエルと中東戦争の話

　中東戦争は、第二次世界大戦後、パレスチナの地にユダヤ人国家を建国したイスラエルと、同地域に居住していたアラブ人（パレス

チナ人）を支援するアラブ諸国との間に勃発した戦争です。

ユダヤ人は第二次世界大戦時、国家を持たない世界最大の民族で、ナチス・ドイツから迫害を受けて大量虐殺の悲劇に襲われるなど苦難の歴史をたどりながらも、ユダヤ人国家樹立を悲願としていました。

そして、第二次世界大戦後のパレスチナ決議によって、パレスチナの地に、ユダヤ人国家イスラエルとアラブ人国家が設立されました。このときのわだかまりからイスラエルとアラブ諸国やイスラム教国（イランやトルコなどアラブ人以外の国）との間に深刻な分断が発生し、戦争が繰り返されることになりました。

分断が発生した大きな要因として、該当地域を植民地支配していたイギリスによる三枚舌外交（イスラエル、アラブ諸国、およびフランス・ロシアに対して異なる条件で協定を結んでいた）があるとされています。

このような背景もあって、中東戦争はイスラエルとアラブ諸国が対立する構図で、米国や西欧諸国がイスラエルを支援し、ソ連がアラブ諸国を支援する複雑な代理戦争になっていきました。

● 1948 〜 1949 年　第一次中東戦争（アラブ諸国によるイスラエル侵攻）
● 1956 年　第二次中東戦争（英・仏・イスラエルによるエジプト侵攻）
● 1967 年　第三次中東戦争（イスラエルによるゴラン高原などへの侵攻）
● 1973 年　第四次中東戦争（エジプト・シリアによるイスラ

エル侵攻）

第四次中東戦争とオイルショック

　1973年10月6日に始まった第四次中東戦争は、エジプトとシリアがイスラエルに侵攻して開始された戦争です。この戦争は、先攻したアラブ側が優位な状況から、反撃によってイスラエル優位へと変わっていきました。

　開戦から10日後の1973年10月16日、劣勢になったアラブ諸国やアラブを支援する産油国が原油価格の70％引き上げを発表しました。そして、翌10月17日にはイスラエルを支援する米国や西側諸国に対して石油の禁輸や段階的な生産削減まで踏み込んだ「石油戦略」を決定します。

　産油国側は、イスラエルが占領地から撤退することを石油による経済制裁解除の条件としました。
　日本は、イスラエルおよびアラブ諸国や中東の産油国に対して中立的な立場をとっていましたが、石油戦略の結果、石油価格が高騰したことで多大な影響を受けることになりました。

オイルショック後の日本

　2024年現在でも、中東ではイスラエルとパレスチナの武装組織ハマス、レバノンの武装組織ヒズボラを支援するイランなどとの紛争が続いています。

第2章 【高度経済成長期編】

そして、中東で紛争が激化すると原油価格が上昇して、日本経済も影響を受ける状況は継続しています。

オイルショック後の日本では、エネルギーの安定確保を重要課題とするエネルギー3施策（安全供給・経済性・環境）が打ち出されました。そして、省エネルギーや脱石油に取り組み、徐々に石油への依存度を下げることに成功してきました。

しかし、2011年に発生した東日本大震災の結果、国内の原子力発電所が一時的にすべて稼働を停止するなど、脱石油への取り組みは逆戻りする状況となっています。

現在は地球温暖化防止の観点からも、二酸化炭素を排出しないクリーンエネルギーの使用が求められています。この分野でも世界をリードする日本企業の活躍に期待したいものです。

教訓　資源価格の高騰が株価暴落や長期的な景気低迷につながることもある。日本は資源輸入国であり影響が大きいことを理解する。特に円安と資源高が重なる局面では企業業績への影響が大きい。

対処法　中東情勢の緊迫化は資源価格の高騰に直結するので注意する。ただし、資源価格高騰にともなうインフレ自体は資源株をはじめ株式市場にとっては追い風となるケースも多い。

第3章

【個別銘柄編】
倒産する、
復活する、
その境目は?

個別株暴落 File.01

北海道拓殖銀行の経営破綻
（不況型＋不祥事型）

破綻日：1997/11/15

退場株価：1円

　市場全体の株価暴落とは異なり、個別銘柄にはそれぞれ個別の事情による株価暴落が発生します。パターンは主に4種類です。

- ●業績不振型　　個別の業績不振によるもの
- ●不況型　　　　景気低迷が続くことによるもの
- ●不祥事型　　　不祥事によるもの
- ●バブル崩壊型　個別株のバブル崩壊によるもの

　個別銘柄が暴落した場合の下落率は、市場全体の株価暴落よりもはるかに大きく、倒産して株式の価値が無価値になったり、−100％に限りなく近づくことも少なくありません。

　そして下落率が−100％に接近した銘柄が株価暴落から復活するのか、それとも本当に無価値になってしまうのかは企業が倒産する前にはわかりません。従って投資家は、個別株が暴落すると、その先にある倒産リスクを意識することになります。

　平成バブル崩壊から8年目の1997年、都市銀行の一角だった北海道拓殖銀行（以下、拓銀）の経営破綻をきっかけに日本経済は戦後最大の金融危機を迎えることになります。

図 3-1　経営破綻した北海道拓殖銀行の株価チャート

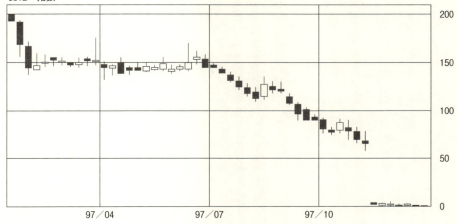

 平成金融危機

　拓銀破綻から1カ月後には、拓銀の主幹事証券だった山一証券が経営破綻します。そして、翌1998年には、拓銀とも関係が深かった日本長期信用銀行（以下、長銀）が破綻、さらには日本債券信用銀行（以下、日債銀）も破綻となり、金融機関が連鎖的に破綻する異常事態で危機はピークに達しました。

　バブルが崩壊したとはいえ、**世界随一の経済力を誇っていた日本経済が金融機関の連鎖破綻というハードランディング型の結末**を迎えることになるとは誰しも考えていなかったことでしょう。

　拓銀破綻の半年前には自民党・橋本龍太郎内閣が消費税を3％から5％に増税するなど、消費者マインドが悪化した時期でした。
　さらに1997年7月には、タイの通貨暴落から始まったアジア通

貨危機が韓国や東南アジア経済を直撃することになり、影響がロシアやブラジルなど新興国にも波及します。

そして、その後の日本経済は長期的なデフレへ突入していくことになりました。

拓銀に限らず当時の銀行は、バブル期に価格が高騰した不動産を担保に融資を行っていました。そして、その後のバブル崩壊の影響で融資が不良債権化し、景気の底入れを待っている状況にありました。しかし、景気は冷え込む一方になり、体力的にも劣っていた下位銀行は、不良債権を抱えて時間稼ぎしかできない状況にまで追い込まれていったのです。

拓銀は、カブトデコム（北海道のリゾート開発やマンション建設で急成長した平成バブルの象徴のような会社）へのずさんな融資が焦げ付いて不良債権化したり、その不良債権を飛ばし行為（損失を別の会社に付け替えて決算を粉飾する違法行為）によって隠蔽するなどしており、実質的にすでに破綻状態だったと言えるでしょう。

そして、このような不祥事がマスコミ報道を通じて表面化すると、預金者が窓口に殺到して口座を解約する「預金流出」も発生しました。その結果、資金繰りにも窮するようになり1997年11月15日、ついに経営破綻を発表するに至りました。

破綻発表前は株価65円だった拓銀株には大量の売り注文が殺到し、ようやく19日になって5円で寄り付き、最終的には株価1円で市場から退場することになりました。

●破綻発表前：65円
●破綻発表後：5円
●退場株価：1円

第3章 【個別銘柄編】

　拓銀をはじめ金融機関の連鎖破綻があったあとは、不良銀行への公的資金の注入が行われたり、実質的に破綻したと見なされる銀行を優良な銀行が救済合併するなどの施策により、都市銀行と地方銀行はメガバンクへと再編されていきました。

■都市銀行・地方銀行からメガバンクへの再編

◇みずほ銀（2003 年）
　第一勧銀＋富士銀＋日本興業銀

◇三菱 UFJ（2006 年）
　東京三菱銀＋UFJ 銀
　※東京三菱銀
　　三菱銀＋東京銀
　※UFJ 銀
　　三和銀＋東海銀

◇三井住友（2001 年）
　さくら銀＋住友銀
　※さくら銀
　　三井銀＋太陽神戸銀

◇りそな銀（2003 年）
　大和銀＋あさひ銀
　※あさひ銀
　　協和銀＋埼玉銀

　このようにして、不良債権問題はいったん先送りされたものの、1999 年以降になっても不良銀行が破綻する状況は続きました。

■平成バブル崩壊後に破綻した上場銀行一覧（11 行）

兵庫銀 1995 年
太平洋銀 1996 年
阪和銀 1996 年
拓銀 1997 年
徳陽シティ銀 1997 年
長銀 1998 年

日債銀 1998 年
なみはや銀 1999 年
東京相和 1999 年
新潟中銀 1999 年
足利銀 2003 年

　結局、1997 年の拓銀破綻から始まった銀行のバブル清算は、足利銀行（あしぎんフィナンシャルグループ）の破綻後、りそな銀行が一時国有化される 2003 年の「りそなショック」までかかることになりました。平成バブルの頂点からは 14 年後のことでした。

199

図 3-2　拓銀破綻前後の日経平均株価チャート

　拓銀の破綻が発表されてから最初の取引となった1997年11月17日、日経平均株価は悪材料出尽くしとなり、歴代上昇率トップ10にも入る＋7.96％という記録的な上昇となりました。

　このときの日経平均株価は1万6283.32円。ただし、この上昇が綾戻し（長期的な下落相場における一時的な株価の反転上昇）であったことは言うまでもありません。ここから6年後の2003年5月、りそな銀行が国有化されたときの日経平均株価は8117.29円まで下落し、拓銀の破綻時から半値以下の水準まで落ち込んでしまいました。

第3章 【個別銘柄編】

退場銘柄の株価が1円になる確率

　倒産企業の株価といえば1円で無価値が定番ですが、中にはマネーゲーム化して急上昇するケースもあります。

　そこで、過去の倒産企業の最終株価が何円だったのかを調べてみました。

■ 2010年以降に倒産した46社の最終株価

プロルート 1円	RHインシグ 1円 *旧1000株単位
テラ 2円	エルピーダ 1円 *旧100株単位
Nuts 1円	塩見HD 1円 *旧100株単位
レナウン 4円	サンシティ 61円 *旧1株単位
シベール 23円	C&IHD 1円
海洋掘削 24円 *旧100株単位	インネクスト 16円 *旧1株単位
郷鉄工 1円 *旧1000株単位	セイクレスト 1円 *旧1株単位
タカタ 18円 *旧100株単位	DEX 36円 *旧1株単位
フードプラ 1円 *旧100株単位	リンク・ワン 245円 *旧1株単位
第一汽 1円 *旧1000株単位	レイテックス 5円 *旧100株単位
石山GWH 1円 *旧100株単位	中小信 1円 *旧100株単位
江守HD 17円 *旧100株単位	シルバ精 1円 *旧1000株単位
スカイマーク 14円 *旧100株単位	ラ・パルレ 79円 *旧1株単位
太陽商会 39円 *旧100株単位	TCB 208円 *旧1株単位
ワールドロジ 61円 *旧100株単位	大和システム 1円 *旧100株単位
インデックス 50円 *旧1株単位	武富士 1円 *旧10株単位
クロニクル 1円 *旧100株単位	アーム電子 1円 *旧100株単位
東カソード 19円 *旧100株単位	ネステージ 1円 *旧1000株単位
サクラダ 1円 *旧1000株単位	総和地所 31円 *旧1株単位
シコー 270円 *旧1株単位	モリシタ 37円 *旧100株単位
クレストIV 1円 *旧1株単位	エフオーアイ 1円 *旧100株単位
NIS 1円 *旧100株単位	コマーシャル 1円 *旧100株単位
山水電 1円 *旧1000株単位	JAL 1円 *旧1000株単位

倒産企業の最終株価は1円が84.7%

　リストでは株価1円で退場した倒産企業は25社で、1円になる

201

確率は 54.3% でした。

● 1 円：25 社（54.3%）
● 2 〜 9 円：3 社（6.5%）
● 10 〜 99 円：15 社（32.6%）
● 100 円以上：3 社（6.5%）

　しかし、これは売買単位が 1 株や 10 株など複数あった時代の倒産銘柄が含まれているためで、これらの旧売買単位を当時主流だった 1000 株単位に補正して再計算すると、39 社（84.7%）が実質 1 円で退場していることになります。

● 1 円：39 社（84.7%）
● 2 〜 9 円：6 社（13.0%）
● 10 〜 99 円：1 社（2.1%）
● 100 円以上：0 社（0%）

　現在の売買単位は 100 株に統一されていますので、今後、100 円以上の株価で退場するケースはなさそうです。

 ## 倒産銘柄を売却しなかったらどうなるか？

　退場株価が 1 円でなかったとしても、経営破綻した企業の株式を保有し続けるメリットはありません。従って、たとえ 1 円であっても倒産株は売却したほうがましという結論になります。

　最後の株価が 1 円だったとしても 1 円で売却できるとは限りま

第3章 【個別銘柄編】

せんので注意してください。買い手がいなければ、最後は1円の売り気配となって1円でも売れない状態になります。

1円で買って2円で売ることができれば株価2倍と考える人もいるかもしれませんが、実際に1円で買ってしまった場合は、買値の1円で売ることすら難しいと思ったほうがいいでしょう。

ちなみに、かつては倒産した企業の印刷株券を記念にもらうために1円で買っておくという人もいましたが、株券印刷制度はすでになくなっており、記念に保有し続ける意味もありません。

倒産した企業は、

●**再建する（会社更生法や民事再生法）**
●**廃業する**
●**譲渡される**

などのスキームで処理されます。そして、倒産株式は上場廃止後には減資となり、破綻処理に充当されるので**株主に投資金が戻ってくることはありません**。

203

個別株暴落 File.02
山一証券の自主廃業
（不況型＋不祥事型）

破綻日：1997/11/24

退場株価：1円

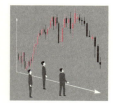

　「社員は悪くありませんから」という社長の名言を残した山一証券の自主廃業までの顛末を紹介します。最近、株式投資を始めた人は知らないと思いますが、投資家であれば知っておくべき教訓です。

　山一証券は拓銀と同様に不祥事型の株価暴落に分類していますが、この2社の事例は実質的な破綻状態に陥っていた点、それを粉飾決算で誤魔化していた点で類似しています。

図 3-3　経営破綻した山一証券の株価チャート

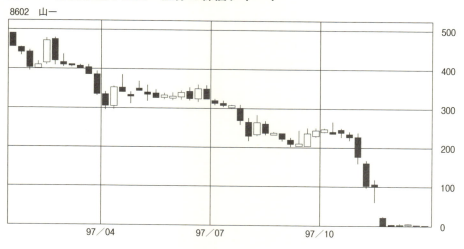

四大証券の一角はなぜ退場したのか？

　1997年11月24日、山一証券が自主廃業を発表して経営破綻し、株式市場はちょっとしたパニックになりました。

　破綻発表前には100円前後だった山一株には売りが殺到し、値が付いてからまもなく株価は1円となり、1カ月後には市場から退場してしまいました。

　当時、都市銀行や四大証券は倒産しない（させない）と思われていましたが、史上初の都市銀行の破綻となった拓銀の倒産から、わずか1週間で今度は四大証券の一角へと破綻が連鎖する異常事態となりました。

「次はどこが危ない」

　という話が市場にあふれ、証券株や銀行株が大きく売られました。特に芙蓉グループ（富士銀行系で現在のみずほ銀行系）で危ないと見なされたグループの株式が大きく売られました。

　山一証券は経営破綻した拓銀の主幹事証券会社でしたが、当時の上場企業は企業グループごとに株式を持ち合う構造になっていて、グループ会社の破綻が1つ発生すると株安が連鎖しやすい構造になっていました。

　この時期、平成バブル期に過大な投資をしたツケで多くの企業が巨額の損失を出しましたが、山一証券が自主廃業に至るまで転落したのは違法行為で信用が失墜したためです。

　企業の不祥事は関係者の内部告発などがきっかけとなり、雑誌のスクープ記事として発表されることが多いようです。

　山一証券の場合は「週刊東洋経済」にスクープされたことがきっかけとなりました。雑誌で企業の不祥事が報道され始めたら注意が必要です。

205

明らかになった一任勘定取引と損失補填

　1つ目の不正行為は「にぎり」と呼ばれた利回り保証型の一任勘定取引を裏取引として総会屋（反社会的勢力）に提供していたことです。
　一任勘定取引や損失補填はバブル期には合法行為でしたが、証券取引法の改正で禁止になっていました。

　通常、株式投資は相応のリスクをともないます。しかし、

●投資運用を証券会社が代行する一任勘定取引
●運用損失を証券会社が補填・負担する損失補填

のようなメニューがVIP客向けに提供され、資金力のあるVIP客は、お金を預けるだけで利益が出る構造が存在していました。
　バブル期に株価の右肩上がりが続いたからこそ可能となっていたサービスですが、平成バブルとはまさに、そういう時代でした。
　その後のバブル崩壊で証券各社が損失補填を赤字計上して表面化することになり、著しく不公平で正義に反する行為として非難が殺到した結果、1991年の証券取引法改正で禁止された経緯がありました。

　山一証券が法律改正後にも違法な取引を行ってしまった背景としては、バブル崩壊で株価が右肩上がりでなくなり、株式投資で簡単に儲けることが難しくなったことも要因です。
　四大証券（野村、大和、日興、山一）といっても、その最後尾につけていた山一証券は逆境の中で売上を維持するために違法サービ

スの提供をやめられなかったというわけです。

明らかになった簿外債務と粉飾決算

　不正行為の2つ目は、違法な一任勘定取引で発生した含み損を「飛ばし」行為を行って簿外債務とし、子会社に付け替えることで決算を粉飾していたことです。粉飾決算は、発覚すれば上場廃止も視野に入る重大なコンプライアンス違反になります。

　違法行為である「にぎり」は、山一証券内では機密事項として極秘裏に処理されていました。そして、違法行為の結果、発生した損失は、社内の正規ルートでは計上することができないため、嘘に嘘を重ねる違法な「飛ばし」行為が常態化していました。

「飛ばし」の簿外債務の総額は2600億円

　その結果、山一証券では一連の不正行為に関与した、業績に貢献していない社員が幹部に出世する異常な構造となり、事実上、反社的な不正集団が会社を乗っ取ってコントロールしているような状態に陥っていたようです。
　山一証券は「証券業」というスポンサーさえ見つかれば、企業再生が比較的容易な業種にもかかわらず、違法行為の内容があまりにも悪質すぎて再生の道が閉ざされ、自主廃業（最終的には自己破産）を選択することになりました。

総会屋とは？

　総会屋は、株主総会で嫌がらせ行為を行って議事進行を妨害することで不当な利益を要求したり、逆に株主総会を円滑に進める「用心棒」となる見返りに企業から利益供与を受けていた集団を指します。

　日本では、伝統的に反社的な勢力が担い手であったことや、本来は民主的であるべき株主総会を暴力的な手段で歪めてしまう恐れがあること、企業が総会屋に利益供与することに正当性がないことなどで問題となりました。現在は商法や暴力団対策法でも違法とされ、罰則も強化されています。

　ちなみに総会屋と「物言う株主」「アクティビスト」との違いは、前者が違法な利益を要求しているのに対して、後者はあくまで合法的に株価や企業価値を高めようとしている点にあります。

　ただし、「物言う株主」や「アクティビスト」も持続可能な企業価値の向上を目的とせず、短期的に株価を吊り上げては売り抜けを狙ったりするケースも少なくなく、必ずしもステークホルダー（株主、従業員、顧客など企業の利害関係者）にとってよい株主であるとは限りません。

　なお、平成バブル崩壊後に発覚した一連の総会屋への利益供与事件では山一証券だけでなく、第一勧業銀行（現みずほ銀行）や四大証券からも計32人の逮捕者が出ています。

総会屋への利益供与に絡む逮捕者数
●第一勧銀 11人

- ●山一証券　8人
- ●大和証券　6人
- ●日興証券　4人
- ●野村證券　3人

　特に11人が逮捕された第一勧業銀行では、総会屋に総額460億円もの利益を不正供与していたことが発覚しています。

　平成バブルの闇は、ここまで深かったのです。

 投資家が知っておくべき教訓

　最後に山一証券の社長だった野澤正平氏は「社員は悪くありませんから」と言って泣いて詫びましたが、忸怩たる思いだったことでしょう。破綻前の従業員数でも7500人。バブル時の四大証券は世界の四大証券でした。

　その山一証券が自主廃業するに至った不祥事の主犯は、前会長と前社長であり、最後に泣いて詫びた新社長は前社長が総会屋への利益供与で逮捕されたため、最後の後始末を押し付けられ、社長就任の直前まで違法行為を知らされていなかったとのことです。

　野澤氏は、山一証券最後の社長として従業員を「メリルリンチ日本証券」へと転職させるなど、破産手続きを粛々と進め、山一証券は消滅しました。

　山一証券の自主廃業からの教訓は、たとえ上場企業であったとしても、大企業であったとしても窮すれば、
「**企業は、生き残るために違法行為をいとわない**」
ということです。むしろ、顧客や投資家に平気で嘘をつくと思っ

ていたほうがよいぐらいです。

■**粉飾決算が発覚した有名企業の例**

2005 年　カネボウ

2006 年　ライブドア

2011 年　オリンパス

2015 年　東芝

　もしかしたら、あなたが見た決算書は粉飾されているかもしれない。山一証券の自主廃業に至るまでの真実は、投資家が肝に銘じるべき教訓です。

第 3 章 【個別銘柄編】

個別株暴落 File.03

光通信 20 日連続ストップ安

（バブル崩壊＋不祥事型）

最安値：241,000 円→ 895 円
最大下落率：－99.63%
連続ストップ安開始日：2000/03/31

　光通信の 20 日連続ストップ安は、現在も東証の連続ストップ安記録として残っています。そして、光通信の連続ストップ安が記録されたあとには、3 日連続で株価に値段が付かない場合は値幅制限が 2 倍に拡大されるという措置が新たに設けられました。

　従って、光通信の連続ストップ安記録は、永遠不滅の記録として語り継がれることになるでしょう。

図 3-4　20 日連続ストップ安当時の光通信の株価チャート

連続ストップ安の要因

　ITバブル時は携帯電話が普及し始めた頃で、1998年に新規上場したNTTドコモが1999年から「iモード（i-mode）」という新サービスを開始したことで利便性がさらに向上しました。

　当時はまだスマートフォン登場前でしたが、iモードによって携帯電話からWebブラウザやメールなどのインターネットサービスが利用できるようになったことで、2000年には契約数が1000万人を突破。人気に火がついて、各社が新型携帯端末の開発を競い合っていました。

　光通信は、携帯ショップ「HIT SHOP」をフランチャイズ形式で

第3章 【個別銘柄編】

全国に展開し、破竹の勢いで成長していた新興企業でした。携帯電話を0円というサプライズ低価格で販売して、通信キャリア大手からの報奨金で利益を得るビジネスモデルで、売上を急激に伸ばし、市場からも注目を集める存在でした。

しかし、雑誌（「月刊文藝春秋」）のスクープ記事により、フランチャイズ店での架空契約疑惑が浮上し、2000年3月30日に業績の下方修正を発表します。この下方修正によって光通信の信用は失墜し、翌日から連続ストップ安がスタートしました。

ところで、拓銀や山一証券の不祥事と光通信の不祥事の違いはおわかりでしょうか。それは**経営陣が主導した会社ぐるみの不祥事と、一部の社員や子会社による不祥事の違い**です。

前者の不祥事は深刻で会社の存続にも影響を与えますが、後者の場合は一時的に業績への影響があったとしても存続問題とはなりません。ただし、最初は小さな不祥事だったはずが、会社ぐるみの問題に発展することもないとは言えないので、どんな不祥事も株価に少なからず影響があります。

次ページの図3-5の資料が2000年3月30日に光通信から発表された下方修正の内容です。資料によると、売上は21.8%増、経常利益が25.0%増、当期利益も33.3%増と好調のようにも見えますが、これは営業外収益として、239億円の株式売却益を計上しているためで、営業利益の赤字見込みが明記されています。

また、その理由として、取引先通信キャリアからの受付コミッションの一部が（架空売上による水増しにより）販売台数未達のため受領できなくなったことも記載されています。

213

図 3-5　光通信の 2000 年 3 月下方修正内容

平成12年3月30日　平成12年8月期中間期及び通期の業績予想の修正について

　平成11年10月21日付当社「平成11年8月期決算短信」にて発表いたしました平成12年8月期（平成11年9月1日～平成12年8月31日）中間期及び通期の業績予想について、下記のとおり修正いたします。

1. 平成12年8月期の業績予想

(1) 中間期（平成11年9月1日～平成12年2月29日）　（単位：百万円）

	売上高	経常利益	当期利益
前回予想（A）	156,000	6,000	3,000
今回予想（B）	190,000	7,500	4,000
増減額（B－A）	34,000	1,500	1,000
増減率	21.8%	25.0%	33.3%

(2) 通期（平成11年9月1日～平成12年8月31日）　（単位：百万円）

	売上高	経常利益	当期利益
前回予想（A）	337,000	27,000	13,500
今回予想（B）	380,000	27,000	13,500
増減額（B－A）	43,000	0	0
増減率	12.8%	0%	0%

2. 修正理由

　　当中間期におきまして、売上高は当社の中心事業であります移動体通信事業が堅調に推移し、上記の通り、期初予想を21.8%上回る予定です。

　　利益につきましては、期初計画致しておりました取引先通信キャリアからの受付コミッションの一部が販売台数未達のため受領できなくなりましたが、一方で、斯かる受付コミッションを見込んだ代理店手数料の支払を行なっておりますことから、営業利益は赤字になる見込みです。また、ITS事業（ｲﾝﾀｰﾈｯﾄﾄｰﾀﾙｻｰﾋﾞｽ）において、サービスの拡充と市場シェア拡大を目的とした経営資源の先行投資により、販売費及び一般管理費が大幅に増加する見込みであります。

　　一方で、当社は保有する株式の一部を平成12年8月期中間期において売却致しました。これにより、当社は約239億円の有価証券売却益（営業外収益）を計上することになります。

　　　　主な売却益の内訳
　　　　(株)エムティーアイ　　　約179億円
　　　　Phone.com Inc.　　　　約29億円

■光通信連続ストップ安の推移

2000/03/30　78,800 円	2000/04/14（33,800 円）*11 日目
2000/03/31（73,800 円）*1 日目	2000/04/17（30,800 円）*12 日目
2000/04/03（68,800 円）*2 日目	2000/04/18　27,800 円 *13 日目
2000/04/04（63,800 円）*3 日目	2000/04/19（25,800 円）*14 日目
2000/04/05（58,800 円）*4 日目	2000/04/20（23,800 円）*15 日目
2000/04/06（53,800 円）*5 日目	2000/04/21　21,800 円 *16 日目
2000/04/07（48,800 円）*6 日目	2000/04/24　19,800 円 *17 日目
2000/04/10　45,800 円 *7 日目	2000/04/25（17,800 円）*18 日目
2000/04/11（42,800 円）*8 日目	2000/04/26　15,800 円 *19 日目
2000/04/12　39,800 円 *9 日目	2000/04/27　13,800 円 *20 日目
2000/04/13（36,800 円）*10 日目	2000/04/28　15,800 円

※カッコ付きの株価は買いが少なすぎて取引が成立しなかった日の気配値です。

　光通信の架空契約は、顧客から名義だけ借りて携帯電話の契約をしてもらい、そのまま倉庫で寝かせ、しばらく放置したあとで解約することで、販売店が報奨金だけを手にする不正行為でした。

　携帯電話は月々の利用料金から利益を継続的に得ることができるビジネスモデルであったため、通信キャリア各社は販売報奨金を携帯電話の正規価格の2倍程度に設定していました。そのため、電話を0円で販売しても利益が出たことが不正行為の背景です。そして、厳しいノルマがあった光通信系列では、社内目標を達成するために一部で架空契約に手を染めるケースが出てしまったと言われています。

 ## その後の光通信

　ピーク時には24万1000円だった株価は、2002年にはITバブル崩壊後の最安値895円まで下落しました。最安値は、下落率−99.63%という記録的な暴落で、連続ストップ安を記録したあとも下げ止まらず、さらに20分の1の水準まで株価が暴落したことになります。

■光通信のITバブル前後の株価の推移
- ●バブル高値：241,000円
- ●下方修正前：78,800円（高値比 －67.30%）
- ●20日連続ストップ安：13,800円（高値比 －94.27%）
- ●最安値：895円（高値比 －99.63%）

図 3-6　ITバブル崩壊後の光通信の株価チャート

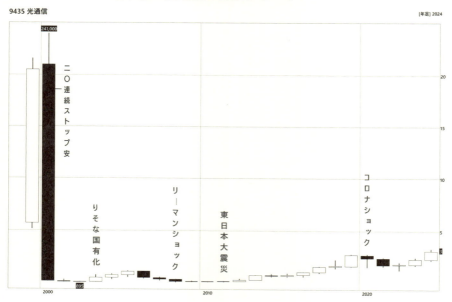

　しかし、その後は業績も黒字を回復。企業価値の復活から買われる場面も出てきて株価は上昇を続けました。
　光通信の株価は2024年12月末現在、3万4480円とITバブル崩壊後の最安値895円からは、38.5倍へと復活しています。

　ITバブル崩壊後の安値圏の光通信は買い場だったと言えますが、それでも現在の株価はピーク時と比較すると数分の1の水準に

とどまっているのが現実です。

■**光通信のITバブル安値後の状況**

●バブル高値：241,000円

●バブル後安値：895円

● 2024年12月末：34,480円（高値比−85.69%）

（安値比＋3,752.51%）

　これは、バブル崩壊後が買いチャンスとなる可能性を示すと同時に、割高なバブルのときに株式を購入しないことがとても重要だとわかる事例です。

　また、現在の光通信は割安な日本株に積極的に投資する企業としても知られています。『会社四季報』などで企業の株主欄を見ると、上位株主として300社程度に光通信の名前が掲載されています。

　光通信が株主の銘柄には、比較的割安で値上がり傾向のものが多いので銘柄選びの参考にするのもよいかもしれません。

■**光通信が大株主になっている銘柄の例**

・1878　大東建託
・6417　SANKYO
・2588　プレミアムWHD
・2763　エフティ
・3738　ティーガイア
・1766　東建コーポ
・9418　UNEXT
・8876　リログループ

・1968　太平電
・8051　山善
・3076　あいHD
・6379　レイズネクスト
・8059　第一実
・1982　日比谷設
・8132　シナネンHD

217

図 3-7　バブル相場とハイプ・サイクル

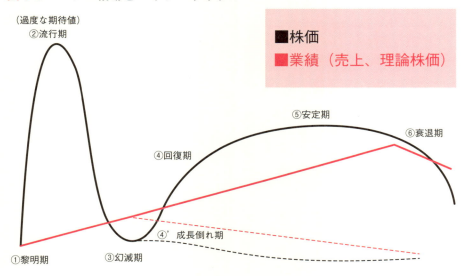

バブル判定ツール「ハイプ・サイクル」

　上の図3-7は「ハイプ・サイクル」と呼ばれるもので、1995年に米国ガートナー社が提唱した特定の技術やサービスの成熟度を表すマーケティング向けのチャートです。

　新技術が普及していく過程を5つの時期に分けて説明したものですが、株価がバブル化していく過程や、その後のバブル崩壊（株価暴落）の検証に有用な考え方なので、はっしゃんが独自に改良しました。

　はっしゃん式ハイプ・サイクルは、

①黎明期
②流行期

③幻滅期

④回復期 or ④' 成長倒れ期

⑤安定期

⑥衰退期

の6つのサイクルから構成されています。

①黎明期

サイクルは①黎明期からスタートします。個別銘柄であれば、市場や投資家に**期待を抱かせる新しい材料（成長シナリオ）が起点**になります。

- ・新規事業への参入
- ・中期経営計画の策定
- ・他社との業務提携
- ・政府による支援決定
- ・外部環境の追い風
- ・新規上場（IPO）

市場で投資家の期待がさらに高まってくると、サイクルは①黎明期から②流行期へと移行します。

②流行期

株価がどれだけ高くなるかは、市場が新しい材料をどれだけ高く評価して、企業がその評価にどれぐらい応えたかで変わります。

企業には市場期待に見合った結果（成長）が求められます。企業が市場の期待に応えられなければ、その段階で期待はしぼんでしまい、②流行期は③幻滅期へと移行します。

一方、企業が市場期待に応えた場合は、次への期待がさらに膨らんでいきます。期待が大きくなればなるほど関心を向ける人が多くなり、より大きな注目が集まります。その結果、バブル相場が発生する場合もあります。もっとも、行きすぎた過剰な期待はいつかは

弾ける運命です。

　①黎明期から②流行期にかけては株価が短期間に大きく上昇する傾向があり、魅力的な投資時期になります。しかし、値動きも激しく、ハイリスク・ハイリターンになりがちで難易度は極めて高く、初心者の方や長期投資には向いていません。

　②流行期の銘柄は、話題も豊富でニュースにもよく登場する傾向がありますが、株価は総じて割高です。**人気株に投資してうまくいかない人は、割高株を避けること**を覚えるとよいでしょう。

　その銘柄が割高かどうかは、PBR（株価純資産倍率）やPER（株価収益率）、配当利回りなどの指標を使って判断することができます。

■指標を使って割高（バブル）かどうか判断する例
　PBR：2倍以上なら割高（10倍以上ならバブルの懸念）
　PER：20倍以上なら割高（100倍以上ならバブルの懸念）
　配当利回り：2％未満なら割高（低いほどバブル崩壊後に下落率が大きくなる）
　※複数条件を同時に満たしているほど割高（バブル）になる

---

③幻滅期

　③幻滅期は企業が市場期待に応えられなくなったとき、いきなりやってきます。市場は描いていたバラ色の未来を捨て、現実的な評価に回帰します。

　そして、企業への期待が大きければ大きいほど、幻滅もまた大きくなります。バブル崩壊型の株価暴落はこのような形で発生します。

②流行期や③幻滅期の波が大きくなる要因は、株式市場のマインドが主に新しいことにしか興味・関心を示さないという性質に起因しています。私たち自身も、消費者の立場に立つと、新しいお店や新商品に興味を持ちます。投資家が新しい材料（成長シナリオ）により高い関心を示すのは、これと同じことです。

③幻滅期は割安成長株を狙う投資家にとっては、投資チャンスになりえます。市場は勝手に期待を膨らませて、幻滅して去っていきますが、企業が示した新しい材料（成長シナリオ）が本物であるならば、市場の関心が薄れた局面でも、成長シナリオは着実に履行されていくことになるからです。

ただし、③幻滅期での投資が必ずしも成功するとは限りません。③幻滅期へと入った企業がそこから④回復期に移行するか、④'成長倒れ期へと転落してしまうかは、企業努力や外部環境にも左右されることになります。

④回復期 or ④' 成長倒れ期

③幻滅期から④回復期にかけての期間は、過剰評価されていたバブルの時期が終わって、適正な評価に落ち着いた時期であり、そこからは業績と株価が比例して上昇しやすくなります。従って、売上や利益がよくなれば、それに比例して株価も素直に上昇しやすいという特徴があります（もちろん、悪くなれば下落します）。

③の幻滅期を経た企業が、④回復期と④'成長倒れ期のどちらに移行するかは、決算書で判断することができます。④回復期に入った企業の業績は、増収増益で成長が続いて⑤安定期へと入っていきますが、④'成長倒れ期に陥ると、成長が鈍化し始めて、やがて減収や減益へと転落していきます。

221

> 増収増益：前年と比べて売上と利益が増加すること
> 減収減益：前年と比べて売上と利益が減少すること

⑤安定期

　安定期は、新しい材料（成長シナリオ）が定着して業績への貢献が続く段階です。企業にとっても積極的に投資する時期が過ぎているため、売上が鈍化しても利益が増加することもあります。

　安定期に入ると、利益や配当の拡大がゆるやかに長期間続く傾向になります。また、この段階に入ると、企業は配当を増やし、配当利回りが高まる傾向も出てきます。

　安定期の企業への投資に成功した場合、一定以上の投資期間は必要となりますが、企業の利益や配当の実績に比例して、株価もゆっくりとしたペースながら上昇していくでしょう。そして、投資期間に比例して十分な配当収入を確保することも可能です。

　安定期は、5年、10年、場合によっては数十年と続くこともあります。それでも、いつかは⑥衰退期へと向かうことになります。

⑥衰退期

　企業が衰退に向かう理由はさまざまです。きっかけは、他社の画期的な技術革新による自社の優位性の後退、時代や価値観の変化、対象となる顧客（人口）の減少などさまざまです。

　衰退期に入った企業は、新たに別事業を柱として立ち上げることに成功しない限り、減収減益の縮小均衡へとシフトします。衰退期に入ると、株価は右肩下がりとなり、配当も減額されることになります。そして業績不振が深刻な場合は、いずれ倒産に至ることもあ

ります。

　長期投資で成功が続いている場合、業績の確認を怠って、衰退期に入った企業の株を持ち続けてしまうことがあります。
　最低限、年4回の決算書を確認して、衰退期に入っていると判断できる場合は投資対象から外すことが必要です。

どんなよい企業の株も
バブルで買うと失敗する

　ハイプ・サイクルの②流行期は、多くの人気株や成長株が経験する過度に期待が先行したバブル相場に該当します。例えば、企業が上場した直後は、注目を集め人気化しやすい傾向があります。

　有名なところでは、少し古くはなりますが、NTTが1987年に上場した直後300万円（株式分割補正後で300円）を付けたときや、1998年に上場したソフトバンクグループがその後のITバブルで20万円（株式分割補正後で1万円）を付けたときなどが、その代表例です。NTTやソフトバンクグループは日本を代表する大企業ですが、たとえ優良企業であってもバブルのときに買うと失敗するという事例です。

　NTTは300万円の株価を記録した1987年から2024年12月現在、37年経過しても、いまだにバブル株価を奪還していません。
　ソフトバンクグループも2000年に高値20万円を付けた株価を2024年7月に一時上回ることがありましたが2024年12月末現在では下回っています。高値から24年経過しているにもかかわらずです。

図 3-8　最高値 300 万円（当時）を記録以降の NTT の株価

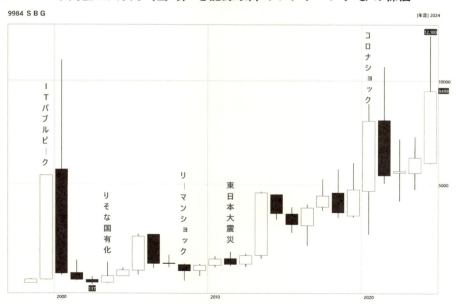

図 3-9　最高値 20 万円（当時）を記録以降のソフトバンク G の株価

第3章 【個別銘柄編】

バブルは、特定の個別銘柄だけに発生することもありますが、特定のグループ、セクターに発生する場合や、平成バブル時の日本株のように国全体がバブル状態になることもあります。

2020年以降でも、コロナショック後のDXバブル、ガソリンエンジンから再生可能エネルギーへの期待が先行したEVバブル、「ChatGPT」がきっかけになった生成AIバブルなどがありました。

実際の業績と乖離した過度な期待値を付けた株価は、バブルが弾けると、しぼんでしまう運命にあります。各銘柄の株価チャートを確認して、決算書の業績と比較すると、バブルかどうかを見分けることができます。

●株価が決算書の業績（売上や利益）の推移と比例しているか
●業績と関係ない材料（実現前の期待）で株価が上昇していないか
● PBR・PER・配当利回りで割高になっていないか

という3点に注目しましょう。

多くの初心者にとって決算書を見たり、PBRやPERを確認してバブルかどうか判断するのは少しばかり難易度が高いものです。

難しいと感じる方には理論株価の活用をおすすめします。理論株価は、企業の財務指標や業績予測から計算した理論上の株価で、はっしゃんが監修・開発した「【株Biz】理論株価Web」では最新の決算書から算出した全銘柄の理論株価を公開しています。株価が理論株価まで上昇したり下落したりするとは限りませんが、株価と理論株価を比較すると、少なくともその銘柄がバブル状態にあるかどうか判断する目安にはなります。

225

株価が割高なバブルかどうかを見定めて投資する・しないを判断する能力はとても重要ですので「【株Biz】理論株価Web」を活用してください。

図 3-10　上場企業全銘柄の理論株価がわかる「【株Biz】理論株価Web」

第 3 章 【個別銘柄編】

個別株暴落 File.04
りそなショック
（不況型）
国有化発表日：2003/05/17
最安値：470 円（当時は 47 円）

　りそな銀行が一時国有化されたのは 2003 年 5 月。自民党の小泉純一郎内閣の時代でした。当時の金融担当大臣は竹中平蔵氏、経済企画庁長官には堺屋太一氏と、タレント性のある民間人閣僚が起用されて話題になっていた頃でした。

図 3-11　一時国有化前後のりそな HD の株価チャート

当時は、平成バブル崩壊後の不良債権問題に苦しんでいた銀行がまだ残っていた時期で、2003年にはりそな銀行のほかにも11月に足利銀行が一時国有化されるなど、金融危機の状況にありました。

図 3-12　りそな国有化前後の日経平均株価チャート

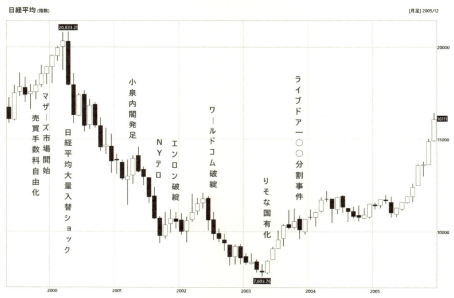

　金融危機下の日経平均株価は7000円台。日本株全体が平成バブル崩壊後、歴史的な安値水準まで売り込まれていました。

●りそな国有化前の日経平均株価（2003/05）
　平成バブル高値：38,957.44円
　国有化前の安値：　7,603.76円（高値比　－80.48%）

　竹中氏は当初「都市銀行でも例外なく破綻処理する」と明言していました。そして、そのような危機感のある状況で、不良債権問題が決着しておらず「危ない銀行」と言われていたりそな銀行が、監

第3章 【個別銘柄編】

査法人と対立して決算監査を辞退される事態に陥りました。

　このとき、監査法人で、りそな銀行を担当していた会計士が自殺するという衝撃的な事件まで発生しています。

　りそな銀行にとって決算の監査をしてもらえないということは決算発表ができないということで、上場も維持できません。りそな銀行の判断に市場の関心が集まりましたが、2003年5月17日午前に業績修正と公的資金注入の申請を発表しました。

●（監査法人の意見を採り入れ）決算を下方修正する。
●自己資本比率が大幅に低下する。
　（国内で営業する銀行に必要な最低限度4％を下回る）
●金融危機を回避するため公的資金の注入を申請する。

　その後、5月17日夜には政府が金融危機対応会議を開催し、破綻を回避して、りそな銀行に公的資金を注入することを決定しました。りそな銀行の実質的な国有化です。

　竹中氏は「今回の措置は破綻処理ではなく、資本増強によって銀行を再生させる。現時点でほかの金融機関に問題はなく、金融危機ではない」と述べました。**危機回避を優先させた**ということです。

　りそな銀行の国有化では、これまで破綻処理してきた、ほかの銀行と整合性がとれないことや、りそな銀行の株主責任が問われないことへの不公平感、モラルハザードにつながるとの懸念が出されました。

　国有化決定後のりそな銀行の株価は売り気配で始まり大幅安となりましたが、倒産が回避されたことから買い注文も入り、2日後には反発に転じて金融危機は回避されました。

229

■ **りそな銀行の株価の推移**
●国有化前：580 円　※併合補正前の当時の株価は 58 円
●国有化後：480 円（−17.2%）
●国有化後翌日：510 円（＋6.25%）
●国有化後翌々日：610 円（＋19.6%）

　りそな銀行が国有化されたことで平成バブルの清算がようやく終わったと言えるでしょう。

　1989 年の平成バブル頂点からは実に 14 年が経過していました。しかし、この判断に問題がなかったわけではありません。

　りそな国有化までには都市銀行を含む 11 の銀行が破綻処理されてきました。破綻処理された銀行の株価は 1 円となって市場から退場させられることになります。破綻行の従業員はリストラされたり、別の銀行に吸収されたりして、その人生に大きな影響があるでしょう。りそな銀行は救済されて、ほかの銀行は破綻処理では明らかに不公平だと思う人もいるでしょう。

　そもそも竹中大臣は、当初は「都市銀行でも例外なく破綻処理する」と述べていたので言行不一致です。

　はっしゃんは、竹中氏も本音では破綻処理すべきだと考えていたが、その影響の大きさから破綻させられなかったのが本音だと思います。

　拓銀や山一証券が連鎖破綻した金融危機のときは、信用力の低下した日本の銀行に対してジャパン・プレミアムと呼ばれる上乗せ金利が適用されていました。りそな銀行を破綻処理することで、そのような状況に再び陥るのを回避したかったというのもあるでしょう。

　実際、りそなショックからわずか 5 年後の 2008 年 9 月、米国でリーマンブラザーズ証券を救済せず、破綻処理したことがどれだけ

第3章 【個別銘柄編】

大きな世界的な社会混乱につながったかを考えると、判断が間違っていたとは言いきれません。

りそなショックからの教訓は**企業は大きくなればなるほど、破綻処理が難しくなる**ということでしょう。りそな銀行の前に破綻処理された11行には、りそな銀行より規模の大きな銀行はありませんでした。

もちろん、最終的には救済されたとはいえ、株価は当時で50円を割り込んで倒産するかどうかの瀬戸際でしたので、投資家としてはそのような危機的状況になる前に適切な投資判断を行っておくべきでしょう。

なお、日経平均株価はりそなショックで底入れした形になっているので、一般的には平成バブルの清算はりそな銀行救済で終わったことになっていますが、厳密に言うと、りそなショックのあとに東京三菱銀行によるUFJ銀行の救済合併（2006年）がありました。

■都市銀行・地方銀行からメガバンクへの再編

◇みずほ銀（2003年）
　第一勧銀＋富士銀＋日本興業銀

◇三菱UFJ（2006年）
　東京三菱銀＋UFJ銀
　※東京三菱銀
　　三菱銀＋東京銀
　※UFJ銀
　　三和銀＋東海銀

◇三井住友銀（2001年）
　さくら銀＋住友銀
　※さくら銀
　　三井銀＋太陽神戸銀

◇りそな銀（2003年）
　大和銀＋あさひ銀
　※あさひ銀
　　協和銀＋埼玉銀

231

図 3-13　りそなショック時の決算短信

平成15年3月期　　　決算短信（連結）

平成15年5月26日

上場会社名　株式会社りそなホールディングス	上場取引所（所属部）　大証市場第一部 東証市場第一部
コード番号　　8308	

（URL　http://www.resona-hd.co.jp）

代　　表　　者　役職名 取締役社長 氏名 川田　憲治　　本社所在都道府県　　大阪府
問合せ責任者　役職名 財務部長 氏名 岩田　幸夫
決算取締役会開催日　平成15年5月26日　　　　　　　TEL 06－6268－7400
米国会計基準採用の有無　　　無　　　　　　　　　　特定取引勘定設置の有無　　　有

1. 15年3月期の連結業績（平成14年4月1日～平成15年3月31日）

（1）連結経営成績　　　　　　　　　　　（注）記載金額は百万円未満を切り捨てて表示しております。

	経 常 収 益		経 常 利 益		当 期 純 利 益	
	百万円	％	百万円	％	百万円	％
15年3月期	1,259,259	（△7.5）	△ 510,143	（ － ）	△ 837,633	（ － ）
14年3月期	1,361,343	（ － ）	△ 1,160,102	（ － ）	△ 931,876	（ － ）

	1 株 当 た り 当 期 純 利 益	潜在株式調整後 1 株 当 た り 当 期 純 利 益	株 主 資 本 当期純利益率	総 資 本 経常利益率	経 常 収 益 経常利益率
	円　銭	円　銭	％	％	％
15年3月期	△154　66	－	－	△ 1.2	△ 40.5
14年3月期	△174　57	－	△ 103.9	△ 2.4	△ 85.2

（注）①持分法投資損益　　15年3月期　△ 4,518百万円　　14年3月期　△ 2,713百万円
　　　②期中平均株式数（連結）普通株式　15年3月期 5,415,841,716株　14年3月期 5,396,193,095株
　　　③会計処理の方法の変更　　　無
　　　④経常収益、経常利益、当期純利益におけるパーセント表示は、対前期増減率

（2）連結財政状態　　　　　　　　　※15年3月期の連結自己資本比率は速報値であります。

	総 資 産	株 主 資 本	株 主 資 本 比　　　率	1 株 当 た り 株 主 資 本	連結自己資本比率 （第二基準）
	百万円	百万円	％	円　銭	％
15年3月期	42,891,933	310,842	0.7	△ 103　76	3.78
14年3月期	44,952,488	1,289,058	2.9	76　47	8.73

（注）　期末発行済株式数（連結）普通株式 15年3月期 5,433,529,600株　14年3月期 5,417,535,624株

（3）連結キャッシュ・フローの状況

	営 業 活 動 に よ る キャッシュ・フロー	投 資 活 動 に よ る キャッシュ・フロー	財 務 活 動 に よ る キャッシュ・フロー	現金及び現金同等物 期　末　残　高
	百万円	百万円	百万円	百万円
15年3月期	△ 165,637	△ 36,199	△ 244,744	2,350,512
14年3月期	1,525,552	487,715	△ 96,034	2,796,180

（4）連結範囲及び持分法適用に関する事項

連結子会社数　64社　　　　持分法適用非連結子会社数　　0社　　　持分法適用関連会社数　　7社

（5）連結範囲及び持分法の適用の異動状況

連結（新規）15社　（除外）5社　　　持分法（新規）0社　（除外）2社

2. 16年3月期の連結業績予想（平成15年4月1日～平成16年3月31日）

		経 常 収 益	経 常 利 益	当 期 純 利 益
		百万円	百万円	百万円
中　間　期		———————	———————	———————
通　　　期		———————	———————	———————

（注）当社は、平成15年5月17日に金融庁より銀行法第52条の33第1項に基づく「業務改善命令」を受け、
　　　現在、資本増強策を含む改善計画を策定中です。15年度の業績予想につきましては、当該計画が確定次第、
　　　傘下各銀行の業績予想と併せ、別途開示いたします。

左ページの図3-13は一時国有化が決定したあとで発表されたりそなホールディングス（以下、HD）の2003年（平成15年）3月期の連結決算短信です。

　不良債権を損失処理して資本準備金を取り崩した結果、総資産に占める自己資本がわずか0.7%となり、資本のうち99.3%が負債となってしまっています。

　また、1株当たり株主資本で見ると－103.76円となり、実質的に債務超過へと転落していることがわかります。

 りそなショック後のりそなHD

図 3-14　りそなショック後のりそなHDの株価チャート

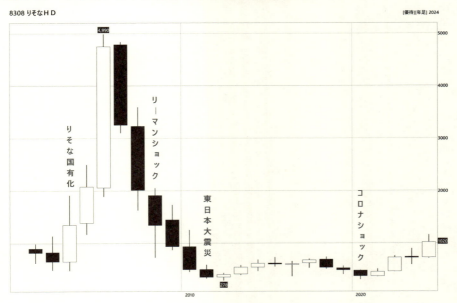

　りそなHDには、2003年に約3兆円の公的資金が注入されましたが、2015年6月に公的資金を完済しています。

りそなショック後、りそな HD の株価は 2003 年 5 月の最安値 470 円から株価 10 倍となる 4990 円まで上昇する局面もありましたが、リーマンショック以降は低迷し、りそなショック時の株価を下回る局面が長く続きました。

●りそなショック時安値：470 円
●りそなショック後高値：4,990 円（安値比　＋906.17%）
●りそなショック後安値：278 円（高値比　−94.42%）

　その後、日経平均株価が 3 万円台を回復した 2023 年以降になって株価はようやく上昇傾向になり、2024 年 12 月末現在は 1140 円台で推移しています。

第3章【個別銘柄編】

個別株暴落 File.05

ライブドアショック
＋マネックスショック

（不祥事型）

ショック発生日：2006/01/16
最安値：696 円→ 55 円（－92.09％）
退場株価：94 円

図 3-15　ライブドアショック前後のライブドアの株価チャート

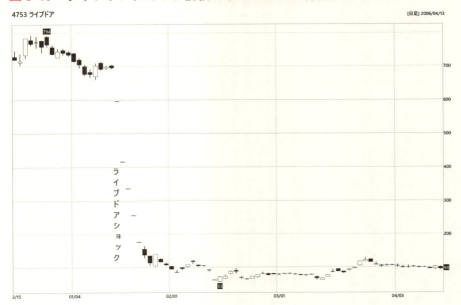

　創業者としてライブドアの社長を務めていた堀江貴文氏はITバブルで成功した起業家で、カリスマ社長として、投資家はもちろ

235

ん、お茶の間にまでホットな話題を提供して一躍脚光を浴びた存在でした。

■ ライブドアが話題になった主なニュース
2004年 8月 プロ野球球団買収事件（楽天に敗れる）
2004年12月 ライブドア株式100分割事件（15日連続ストップ高）
2005年 2月 ニッポン放送への敵対的買収事件（失敗）
2005年 8月 郵政解散後、無所属で衆議院選出馬（落選）

　個人投資家の人気を集めたライブドアは、豊富な資金力を背景に多くの上場企業を次々と傘下に収めていきました。

■ 2006年当時のライブドアグループの上場企業
メディアエクスチェンジ　　　ライブドアオート
ターボリナックス　　　　　　ダイナシティ
ライブドアマーケティング　　セシール

 ## ライブドアショックが発生

　2006年1月16日、証券取引法違反容疑でライブドアに東京地検特捜部が強制捜査に入ります。
　ライブドアは、企業価値の増大を目的として、赤字だった決算を大幅な黒字決算に粉飾したり、不当に吊り上げた株価で市場から新たな資金を調達したり、経営陣が持ち株を高値で売却するなどの不正行為を行っていました。

　これまで見てきた企業の不正行為は、バブル崩壊の窮地を脱する

第3章 【個別銘柄編】

ために経営陣が悪事に手を染めるというパターンだったのですが、ライブドアのケースは将来を期待されていた新興企業が企業価値を高めるために行われた点で異質でした。

　強制捜査のニュースが伝わってからライブドアの関連株は軒並みストップ安となり、2日目にはライブドアが上場していたマザーズ市場（現在の東証グロース市場）や東証1部（現在の東証プライム市場）にも波及。3日目には東証が全銘柄の売買を停止する事態に発展しました。

図 3-16　2004 年（平成 16 年）9 月期ライブドア有価証券報告書

EDINET提出書類　2005/12/27 提出
株式会社ライブドア (941349)
有価証券報告書

第一部　【企業情報】

第1　【企業の概況】

1　【主要な経営指標等の推移】

　(1)　連結経営指標等

回次		第6期	第7期	第8期	第9期	第10期
決算年月		平成13年9月	平成14年9月	平成15年9月	平成16年9月	平成17年9月
売上高	（千円）	3,601,470	5,890,678	10,824,893	30,868,668	78,421,566
経常利益	（千円）	302,778	1,137,544	1,314,371	5,034,211	11,261,542
当期純利益	（千円）	121,261	452,655	488,864	3,577,131	15,475,443
純資産額	（千円）	6,263,374	6,608,422	11,941,596	53,556,353	193,603,500
総資産額	（千円）	7,755,411	9,332,107	16,639,618	100,219,516	330,239,746
1株当たり純資産額	（円）	159,775.87	160,172.21	16,265.93	88.33	184.54
1株当たり当期純利益金額	（円）	3,097.27	11,083.64	1,131.23	6.40	18.66
潜在株式調整後1株当たり当期純利益金額	（円）	2,992.63	10,815.63	1,118.10	6.34	18.36

　ライブドアの有価証券報告書によると、2004 年（平成 16 年）9月期決算は、売上 308 億円、50 億円の経常利益となっています。

237

しかし、売上のうち 38 億円は金融収支として計上すべきライブドア株式の売却益を違法に計上したものでした。さらに別の 16 億円は子会社化を予定していた 2 社の現預金をライブドアに付け替えて架空売上として計上したものでした。

これらの粉飾決算がなければ、2004 年 9 月期のライブドアは売上 250 億円弱で 3 億円超の経常赤字だったことになります。

そして、もし 2004 年 9 月期が赤字であったならば、市場から増収増益が期待されていたライブドアの株価は、ライブドアショックの 1 年以上前の決算発表時点にはすでに暴落していたかもしれません。

なぜならライブドアは、新興企業としての成長力を強みとして市場から企業価値を評価され、その成長力を背景として高株価を維持して資金調達してきたからです。そして、ライブドア経営陣には、**企業価値を維持し続けるために増収増益を続けなければならないという大きなプレッシャー**がかかっていたことが想像されます。

このライブドアショックのあと、2008 年には上場企業の財務報告の信頼性確保を目的として「内部統制報告制度」（日本版 SOX 法）が導入されました。

日本版 SOX 法は、企業の不正会計から投資家を守るために制定された米国 SOX 法を手本としていて、経営者に内部統制の整備や評価と、監査法人による内部統制の監査、そして内部統制報告書の提出を求めています。

第3章 【個別銘柄編】

マネックスショックといえる急落

　ライブドアショックは、当初はマザーズ市場が中心で、東証1部にはそれほど大きな影響はありませんでした。ところが、2006年1月17日午後になってネット証券大手のマネックス証券がライブドア、およびライブドア子会社の信用担保評価をゼロ評価としたことで影響が市場全体に波及します。

図 3-17　ライブドアショック前後の日経平均株価チャート

　マネックス証券でライブドア株やライブドア子会社株を担保にして信用取引を行っていた投資家は、評価ゼロとなったライブドア関連株の代わりに新たに資金を入金するか、ほかの銘柄を売却して補充することを求められました。

●ライブドアショック前：16,454.95 円
●ショック 1 日目：16,268.03 円（－1.14%）
●ショック 2 日目：15,805.95 円（－2.84%）　担保価値ゼロ
●ショック 3 日目：15,341.98 円（－2.94%）　東証取引停止

　マネックス証券の決定にほかの証券会社も追随するのではないか
と疑心暗鬼になった投資家は、ライブドアショック 3 日目となった
2006 年 1 月 18 日も朝から大量の売り注文を出して売りが売りを呼
ぶ展開となっていきます。

　そして、その売り注文の多さが当時の東証のシステムで対応しき
れないレベルとなった午後 2 時 40 分には、東証が全銘柄の取引を
停止する大混乱になりました。

■ライブドアショックの推移
2006/01/16 東京地検特捜部がライブドアを強制捜査
2006/01/17 午前、ライブドアショック
2006/01/17 午後、マネックスショック
2006/01/18 東証の全銘柄が取引停止
2006/03/13 ライブドア上場廃止決定
2006/04/13 ライブドア上場廃止

　強制捜査後のライブドア株は、4 日連続ストップ安となり最安値
では 55 円（強制捜査前比－92.09%）まで下げましたが、上場廃止
時には 94 円まで戻して 1 円にはなりませんでした。

●ライブドアショック前：696 円
●ライブドア最安値：55 円（－92.09%）
●ライブドア退場株価：94 円（－86.49%）

ライブドアの株価が1円にならなかったのは、売買単位が1株だったことが大きいと考えられます。退場株価94円といっても、当時主流の1000株単位に換算すると0.094円になります。

 ## ライブドアの株式100分割事件

ここまで読んで、ライブドアショックにマネックスショックが加わったとはいえ、新興企業の不祥事程度で、東証が全銘柄の売買を停止するほどの大混乱になったことに疑問を持つ方も多いと思います。

その理由として、ライブドアの発行済株式数が10億株を超えていて、かつ売買単位が1株であったため、小口の個人株主が非常に多かったことが挙げられます。ライブドアは、当時の株主数が20万人を超えるお化けのような銘柄になっていました。

※2024年12月現在で株主数が最も多い銘柄はNTTで約244万人となっています。これは2023年7月1日にNTTが株式を25分割して1株当たりの価格を大幅に下げ、高配当施策と合わせて個人株主を増やすように転換したことと関連しています。

ライブドアは、株式の100分割を実施するなど、株式分割を積極的に利用して株価の値段を大幅に下げて（発行済株式数は増える）、できるだけ多くの個人投資家に株主になってもらうという当時としては珍しい戦略をとっていました。

ライブドアが異例の株式100分割を発表したのは2003年12月25日で実際に100分割した株価で取引が開始されたのは2004年2

月以降でした。株価は 100 分割の発表直後から 15 日連続ストップ
高を記録しています。

■ **100 分割後のライブドアの株価推移**

2003/12/24　222 円	2004/01/08　702 円　*8 日目
2003/12/25（252 円）*1 日目	2004/01/09　802 円　*9 日目
2003/12/26　302 円　*2 日目	2004/01/13　902 円　*10 日目
2003/12/29　352 円　*3 日目	2004/01/14　1,002 円　*11 日目
2003/12/30　402 円　*4 日目	2004/01/15　1,202 円　*12 日目
2004/01/05　452 円　*5 日目	2004/01/16　1,402 円　*13 日目
2004/01/06　502 円　*6 日目	2004/01/19　1,602 円　*14 日目
2004/01/07（602 円）*7 日目	2004/01/20　1,802 円　*15 日目

※カッコ付きの株価は取引が成立しなかった日の気配値を示します。

図 3-18　株式 100 分割発表後のライブドアの株価チャート

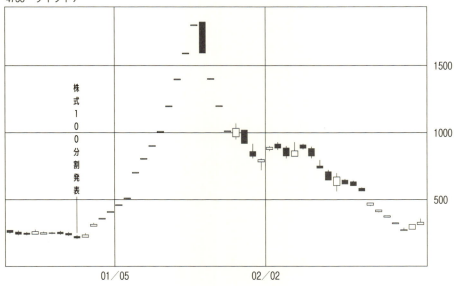

　ライブドアが 100 分割を実施した 2004 年当時、株式分割には制
度的な欠陥がありました。現在は分割後ただちに新株が割り当てら
れ、分割直後から新しい株価、株数で取引できるようになっていま

す。しかし、当時は分割後から新株の割り当てまでに2カ月の期間を要していました。

　かつて株券を印刷していた頃には、株式分割後、新しい株券を刷るための時間が必要になっていました。2004年には、まだその頃の慣習が仕組みとして残っていたわけです。

　2004年時点のルールで100分割を実施すると、分割実施後には株価は100分の1となり買いやすくなりますが、新株が発行されるまでの期間は株数が全体の100分の1に低下して極端な株不足が発生してしまいます。その結果、ライブドア株は15日連続ストップ高となり、その後には急落するという株価チャートを形成しました。

　新株が発行されるまでの2カ月間は、株価だけが大きく変動しているものの、出来高はほとんどありませんでした。
　つまり、ライブドア株は株式100分割発表から2カ月もの間、売買したくても、事実上売買できない状態が続いたことになります。当時はライブドアにとどまらず株式分割（多くが10分割まで）で株価を吊り上げる企業は少なくありませんでしたが、多くの株主に迷惑をかけた100分割という経営判断は批判されても仕方がないと思います。

東証が売買停止に追い込まれた理由

　ライブドアショックが発生するまで、東証はまだ1株単位の小口株主から大量の売買注文が入る事態を想定できていませんでした（1株単位の銘柄は高額面・高株価の銘柄が多かった）。

100株単位で売買できる現在とは異なり、当時の株式投資は1000株単位の取引が中心で、売買資金が100万円を超えるケースも珍しくありませんでした。
　当時の株式投資は、どちらかというと、まだまだお金持ちがするものという位置づけだったと言えるでしょう。

　当時はまた、株主数が増えると企業側にも業績報告や配当支払書の郵送など二次コストが発生していました。現在は、これらを電子化することができるようになったため、より多くの個人に株主になってもらいたいと考える企業が増えてきました。2004年当時、この方法で個人株主を増やして企業価値を高めることに成功した堀江貴文氏の考え方は画期的だったと思います。

 ## ライブドアショック後の日本

　堀江貴文氏は、懲役2年6カ月の有罪判決となり収監されました。ライブドアも上場廃止となり、一世を風靡したライブドアグループは解体されました。
　ライブドアショックまでの日本社会は、新興企業やIT企業に比較的寛容でしたが、この事件をきっかけに旧マザーズ市場や新興企業に対する不信感が広がりました。そして、新興市場は長い低迷を余儀なくされることになり、日本のITバブル世代から次世代を担う世界的企業は出現しませんでした。
　その後も、リーマンショックや東日本大震災など悪い出来事が重なり、かつて世界経済をリードしていた日本はIT分野で米国に大きく出遅れ、中国の台頭を許すことになってしまいます。

第 3 章 【個別銘柄編】

個別株暴落 File.06
日本航空の経営破綻
（不況型＋業績不振型）

破綻日：2010/01/15
退場株価：1 円

　2010年1月に経営破綻した日本航空は、京セラ創業者の稲盛和夫氏を中心とする新経営陣によって再建に取り組み、2012年9月に再上場を果たしました。

図 3-19　経営破綻時の日本航空の株価チャート

　では、日本航空はなぜ経営破綻してしまったのか。直接的には、

2008年に発生したリーマンショックの影響が大きいでしょう。しかし、それに加えて労働組合と企業年金が足を引っ張ってしまったという特殊な構図がありました。

 ## 日本航空設立までの流れ

かつて日本の空運業界は三大航空体制として、

●日本航空（JAL）：国際線＋国内基幹線
●全日空（ANA）：国内基幹線＋国内地方線
●日本エアシステム（JAS）：国内地方線

の3社で棲み分けされていました。黒字経営のJAL、ANAに対し、赤字路線が多いローカル線に特化したJASは苦境が続いていました。

その後、規制緩和によって航空業への参入障壁が緩和され、スカイマークが新たに参入するなど価格競争が激化していきました。そして、日本航空がJASを救済する形で持株会社を設立し、2002年10月、日本航空（以下、旧JAL）が誕生しました。

■ 日本航空に関する主なニュース

1982/02/09 羽田沖逆噴射事故	2008/07/13 原油価格最高値
1985/08/12 123便墜落事故	（1バレル＝147ドル）
1998/09/19 スカイマーク参入	2008/09/15 リーマンショック
2001/09/11 NY同時多発テロ	2009/11/13 ADRによる私的整理の申請受理
2002/10/01 JASを統合し持株会社移行	2010/01/19 会社更生法申請し経営破綻
2002/11/16 SARS発生	2010/02/20 上場廃止
2006/06/30 公募増資（2000億円）	2012/09/19 再上場
2007/04/01 ワンワールド加盟	

第 3 章　【個別銘柄編】

| 2020/04/07 コロナショック（緊急事態宣言） | 2024/01/02 羽田 C 滑走路炎上事故 |

　規模では当時世界第 3 位になった日本航空ですが、その離陸早々から SARS（SARS コロナウイルスによって引き起こされるウイルス性の呼吸器疾患）の流行による旅客減に直面します。

　さらに 2002 年には 1 バレル 20 ドルだった原油価格が、2008 年には 140 ドル超まで上昇し続け、燃油サーチャージを旅客にも適用するなど厳しい対応が続きます。

　燃油サーチャージとは、航空運賃とは別に石油価格に連動して徴収する料金で、航空各社が国交省に申請して徴収しています。2024 年 12 月末現在では、羽田 – ハワイ間では片道 1 万 6000 円となっています。

　そして、2008 年 9 月にはリーマンショックが発生しました。景気が冷え込んだことで原油価格は急落しましたが、ビジネス客需要は、それ以上に低迷することになってしまいました。さらに、合併会社である旧 JAL 独自の問題にも足を引っ張られることになります。

　それは、旧 JAL が旧 JAS の不採算路線（赤字ローカル路線）を引き継いでいたため、収益力が低下していたことです。赤字ローカル路線は、政治的な理由もあって簡単に撤退できるものではありませんでした。

　収益力が低下した理由には、高人件費体質による経営効率の悪さや、多角化戦略の失敗（JAL カード事業など）もありました。そして、そのような非効率な会社となっていた状況にリーマンショックが直撃したことで、負のスパイラルに陥り、旧 JAL は旧 JAS との

経営統合からわずか8年で幕引きとなりました。

旧JALの負債総額は2兆3000億円。これは、当時の事業会社として戦後最大のものでした。

経営危機がニュースを賑わせていた旧JALがいよいよ会社更生法を申請するという報道が2010年1月12日に伝わると、前日まで67円だった旧JAL株には朝から売りが殺到しました。そして30円安の37円ストップ安の売り気配となり、そのほとんどが売れ残りました。翌1月13日に30円安の7円ストップ安でようやく取引が成立しました。

- ●破綻報道前：67円
- ●破綻報道後：7円
- ●更生法申請後：2円
- ●退場株価：1円

その後、旧JALが会社更生法を申請すると株価は2円まで下落。最終的には1円の売り気配（1円でも買い手がなく売れない状態）となり、旧JAL株は文字通りの紙くず＝無価値となってしまいました。

 ## 高すぎる給料のせいで破綻？

さて、日本航空といえば、昔から就職人気企業ランキング上位の常連でした。その理由の1つには、給料が高かったということがあるでしょう。ちなみに、破綻前の日本航空の平均年収は約1000万円となっていました。

第3章 【個別銘柄編】

実は、空運業界は旧JALのほかにもスカイマークが破綻したり、旧JALが救済合併した旧JASも事実上の破綻状態だったりと、華やかで高収入なイメージがある反面、倒産する確率の高い業種でもあります。実際、2020年に発生したコロナショックでも空運業界は甚大な影響を受けました。コロナ禍で航空会社の社員がコールセンターや家電量販店に出向するというニュースを覚えている方もいるかもしれません。このように**空運業界は、外部環境の影響を極めて受けやすい業態**であることは、投資家として知っておくべきでしょう。

ちなみに経営破綻のあと、再建を任された稲盛氏のコストカット経営もあり、JALの社員の平均年収は約1000万円から600万円台へと急減しました。再上場後の平均年収は、現在900万円台まで復活しています。

経営サイドは、業績が悪化すると生き残るために給料の減額や早期退職者募集などで人員整理を行いますが、旧JALは労働組合の力が強く、深刻な業績不振に陥った状況であってもストライキを実行するなど徹底抗戦して、断固として給料を下げさせなかった側面もあったようです。

もちろん、労働者の権利であるストライキが悪いわけではありませんが、このような背景には、元々は国策企業で（赤字路線も運航しているんだという自負も）あり、窮しても国が救ってくれるという考え方もあったものと思われます。

もちろん、ずさんな航空行政の結果、赤字路線を押し付けられた旧JAL側にも言い分はたくさんあると思います。

249

4.5%もの高利回りだった企業年金

　破綻のもう1つの要因が企業年金です。旧JALの企業年金は会社が赤字に転落しても、株安になっても、デフレで世の中が低金利になっても年4.5%の利回りで運用されていました。
　そのため、やがて年金積立から年金の支払いをまかなえなくなり、事実上の破綻状態になったことも旧JALの財務をむしばみ続けます。破綻直前になって、ようやく年金支給額の減額合意に至りましたが、時すでに遅しでした。

　その結果、旧JALは、国民の税金によって救済されることになります。業績悪化時に高給体質や高額の企業年金制度が最後まで足を引っ張っていた経緯を見ると、厳しいようですが、顧客のこと、株主のこと、公共の福祉のことではなく、自らの既得権益中心に考えていたのではと思われても仕方がない面もあったようです。

　なお、企業年金には企業が給付額を保証する確定給付型と、従業員が運用リスクを負う確定拠出型があります。
　旧JALの企業年金は確定給付型で、退職後も一定額を支給する仕組みでした。
　JALの問題は、企業年金の設計リスクと持続可能性の重要さを示す事例となり、多くの企業が年金制度を確定給付型から確定拠出型へと見直す契機になりました。

図 3-20　新 JAL の再上場後の株価チャート

　そんな時代遅れ体質の巨大な組織に対し、資本金 300 万円で設立した京セラを年商 2 兆円の大企業にまで育てた稲盛和夫氏が 78 歳にして無報酬で会長職を引き受け、経営再建を担っていくことになりました。

　政府からの強い要請を受けた稲盛氏が、周囲からの反対もある中で大役を引き受けたのは、

●日本経済全体への悪影響を食い止めること
●残された社員の雇用を守ること
●（ANA との）競争環境を維持して国民の利便性を確保すること

という 3 つの大義に応えるためだったそうです。

　稲盛氏は、まず「全社員の物心両面の幸福を追求」することを経

営理念に追加して、意識改革を図りました。**「社員が幸せでなくては、お客様を幸せにはできない」**という考え方でした。理念を変え、社員の意識から変革していく。きっと、たいへんな仕事だったのだろうと思います。

　破綻後の旧 JAL 株は 100% 減資となり、金融機関は 5000 億円以上の債権を放棄します。そして、企業再生支援機構から公的資金の注入を受け、稲盛氏のもとで新生 JAL が誕生しました。

■**新生 JAL が行った改革**
- ●赤字地方路線からの撤退
- ●大規模なリストラと給与の引き下げ
- ● JAL カードを含む関連会社の売却
- ●老朽化した機材の入れ替え
- ●企業年金の大幅カット

　新 JAL は、2012 年 3 月期に黒字化を達成すると、日本航空として、同年 9 月に再上場を果たして現在に至ります。破綻から、わずか 2 年 8 カ月での上場復帰でした。

　そして、日本航空の再建という任務を終えた稲盛氏は、2013 年3 月末に取締役を退任しています。

■ **JAL グループの経営理念**

JAL グループは、全社員の物心両面の幸福を追求し、

一、お客さまに最高のサービスを提供します。

一、企業価値を高め、社会の進歩発展に貢献します。

第3章【個別銘柄編】

個別株暴落 File.07
エアバッグ・タカタの経営破綻
(不祥事型)
破綻報道日：2017/06/16
退場株価：18円

　死亡事故が多発したエアバッグの大量リコール問題から1.5兆円の負債を残し、戦後最大の製造業破綻になったタカタ。その事件発生から倒産までの顛末について見ていきましょう。

図3-21　破綻したタカタの株価チャート

タカタの株価はエアバッグのリコール問題の深刻化で下落してい

253

ましたが、それでも500円前後で推移していました。タカタと車両メーカーとの間での責任の所在が不透明で、倒産しない可能性も十分に考えられた状況でした。

　そのような中で日本経済新聞がタカタの民事再生法申請の動きをスクープしたのが2017年6月16日です。タカタ株には売りが殺到して、株価は3日連続でストップ安売り気配となり、4日目に126円でようやく寄り付きました。

●破綻報道前：484円
●破綻報道後安値：15円（－96.9%）
●退場株価：18円（－96.2%）

　その後、6月23日にはストップ高で160円まで反発する局面もありましたが、6月26日に民事再生法が申請されると再びストップ安売り気配となり、そのまま安値圏でマネーゲーム的な荒い値動きが続きました。そして、最終的には7月26日に18円で市場から退場します。

　倒産株は1円まで売られるケースが多いのですが、タカタ株は売買単位100株の銘柄であったため、当時主流の1000株単位に換算すると1.8円に相当します。

 ## エアバッグ死亡事故の背景

　自動車には、衝突事故の衝撃から安全を確保するためにエアバッグが搭載されています。エアバッグにはインフレーター（ガス発生装置）という部品が組み込まれていて、火薬を爆発させて、バッグを膨らませる仕組みになっています。

第3章 【個別銘柄編】

　問題は、インフレーターで使われる火薬の素材変更で想定外の状況が発生したことでした。

■エアバッグ火薬素材変更の経緯

1. 既存のアジ化ナトリウムが吸入毒性の問題から使用禁止に
2. 代替として硝酸アンモニウムと硝酸グアニジンが候補に
3. 硝酸アンモニウムは高性能だが、技術難度が高く競合メーカーは敬遠
4. タカタが硝酸アンモニウムの実用化に成功しエアバッグに搭載

　性能に優れたタカタのエアバッグは、多くの人命を救い、同社は世界シェア第2位の地位を占めるまでになりました。

　しかし、のちに硝酸アンモニウムに固有の問題が見落とされていたことが判明します。

　通常、エアバッグの動作保証年数は10 ～ 15年程度になっています。エアバッグに使われている火薬が経年劣化により不発化し、衝突発生時に膨らまなくなってしまうからです。一般の人は知る由もありませんが、エアバッグは定期的に火薬（インフレーター）の交換が必要となる商品なのです。

　一方、タカタが実用化に成功した硝酸アンモニウムは、経年劣化により、暴発する危険性が当初から指摘されていました。通常の火薬とは逆に、火力が強くなりすぎて人に危害を与えるリスクがある素材だったのです。タカタは、この難しい問題を相安定化技術で解決したとしていました。

■硝酸アンモニウムの経年劣化メカニズム

1. 硝酸アンモニウムをペレット状にして設置
2. 車内の温度の変化により膨張と収縮が繰り返される
3. ひび割れが発生しペレットのパウダー化が進行
4. 火薬の表面積が大きくなって火力が上昇
5. 衝突時に暴発して人に危害を与える

暴発のリスクは、相安定化硝酸アンモニウムを用いることで解決したと言われていましたが、前記のように高温多湿など特殊な環境下では、うまくいかなかったようで、製造から数年程度で暴発するリスクが指摘され始めました。

　その後、タカタは乾燥剤を組み合わせるなどの改良を行いましたが、原因を特定できない暴発事例も報告され始め、消費者の不信を払拭して安全宣言を急ぎたい車両メーカーから少しずつ見放された形になっていきました。
　タカタのエアバッグは多くの人命を救いましたが、数百人の負傷者を出し、10人以上の人命を奪うことになってしまったのです。

■**エアバッグ死亡事故までの経緯**

1998年頃　火薬に硝酸アンモニウムが使用され始める
2004年　　最初の暴発事故が発生（米国）
2007年　　タカタ製エアバッグで暴発事故が相次ぐ（米国）
2008年　　暴発による死亡事故が発生。リコール開始（米国）

リコールと初動の問題点

　暴発事故の初動で気になるのは、硝酸アンモニウムの劣化による暴発リスクが十分に共有されていないと思われる点です。
　リスクがわかっていながら隠蔽された可能性があるかもしれません。相安定化技術にほころびがあれば、人命にかかわることは最初からわかっていたはずでした。

　少なくとも暴発事故が頻発し始めた2007年にはリコールを決断

できたはずで、この時点までに速やかにリコールを実施していれば、それ以上の人命が失われることを防げたはずですし、タカタは大赤字となったでしょうが経営破綻は回避できたかもしれません。

 ## リコール拡大から倒産までの経緯

　リコール拡大の渦中でさらに問題だったのは、タカタ経営陣の対応でした。誠実な対応や謝罪をすべきでしたが「原因を特定できていない」「リコールの判断は車両メーカーが行う」「車両メーカーにも一定の責任がある」というような逃げの主張を繰り返し、説明責任を十分に果たさなかったのです。

■ 倒産までの経緯
1. 米国を中心に暴発事故が頻発
2. 製造工程ミスを理由にリコール
3. ミスのない製品でも暴発事故が発生
4. タカタ、暴発の原因を特定できず
5. メーカー独自の判断でリコール対象拡大
6. ブランド価値失墜。タカタ外し加速
7. 民事再生法を申請して倒産

　確かにリコールはタカタ単独では行えません。しかし、暴発事故の原因を特定できていない以上は安全を預かるメーカーとして、最大限のリスクを考慮しておく責任があったはずです。
「まだ原因は特定できないが、暴発事故の発生状況から見て、硝酸アンモニウムの経年劣化でエアバッグが暴発している可能性がある。インフレーターの交換を5年程度に前倒しして実施するか、他社製インフレーターに変更することで、これ以上の事故を防ぐことができる」

このように正直に言えなかったのは、タカタ経営陣の自己保身と思われてもしょうがない面があるでしょう。真実を認めると企業自体の存続すら危うくなるレベルの重大インシデントを前にして、顧客の安全や信頼よりも自己保身を優先させてしまったのではと考えると、とても残念な気持ちになります。

車両メーカーの責任

では、この問題はタカタだけが悪いのでしょうか。タカタは部品メーカーに過ぎません。車両メーカーには製造物責任があり、リコール義務もあります。

リコール初動の遅れは共同責任とも言えますし、原因が特定できないのもまた共同責任ではないでしょうか。

車両メーカーには安全なクルマを提供する義務があり、そのために十分な品質テストも実施しています。例えば、エアバッグの設置条件はクルマによって異なりますので、クルマごとに耐久試験が実施されているはずです。

- ●単独テスト：エアバッグ単体でのテスト
- ●総合テスト：エアバッグを車両に搭載した状態でのテスト

タカタの単独テストでは合格だったとしても、車両に搭載した総合テストで想定外の見落としがあったとすれば、車両メーカー側に落ち度があった可能性もあるかもしれません。

そもそも、車両メーカーは部品メーカーに対して優越的な地位にあります。タカタのインフレーターが使えなければ、他社インフレーターを使えばよいからです。当時のインフレーターの単価は数千

円だったそうですが、リコール費用は1万円超になったことでしょう。数千円の部品のリコールでは割に合いません。

この問題はインフレーター単独ではなく、クルマとしての設計や耐久性能も絡む複合的な問題です。タカタ経営陣が不誠実な対応をして反感を買ったことで、タカタと車両メーカーの信頼関係はすでに失われていたのかもしれません。

そして、タカタと最も親密だったホンダのタカタ外し表明をきっかけに、車両メーカー各社のタカタ外しが加速し、タカタの命運は尽きてしまいました。

結局、タカタは民事再生法を選択し、世界シェア第2位の名門企業は製造業として戦後最大の経営破綻で終わりました。

車両メーカー各社はリコール費用を肩代わりして損失こそ被ったものの、タカタを外すことでブランド価値を守ることができました。

個人的には、タカタ経営陣が初動の段階で消費者や車両メーカーに対して、もっと誠実な対応をしていれば結果は異なっていたのではないかと思います。

オーナー企業の創業家リスク

タカタは、創業家が株式の6割を保有しているオーナー企業でした。このような企業では、**経営にオーナー側の意向が強く反映される傾向があり、企業統治に問題が出るケース**が稀に見られます。

カリスマ的な創業者が健在なときには全く問題がなかったとしても、2代目、3代目へと世襲されていくことで、有能とはいえない

経営者や創業家が問題を起こしてしまうことがあるからです。

　企業統治に問題がある企業は、重要な事実を隠蔽していたり、記者会見での応答が不誠実という共通点もあります。

■オーナー企業での最近の不祥事の例

● 2022 年　ビッグモーター：自動車不正修理、保険金水増し請求

● 2024 年　小林製薬：紅麹食中毒死亡事故

※ビッグモーターは非上場企業です。

　企業を誰が支配しているのかは、決算書や IR サイトの株主一覧で見ることができますし、『会社四季報』にも掲載されています。

　投資家としては、企業統治における創業家リスクについて知っておくべきでしょう。

第3章 【個別銘柄編】

個別株暴落 File.08

サンバイオショック
（バブル崩壊型）

ショック発生日：2019/01/30
最安値：380 円

　サンバイオは、再生細胞薬の開発を手がける創薬ベンチャーで2015年4月にマザーズ市場（現在の東証グロース市場）に上場しました。
　脳梗塞や外傷性脳損傷に有効性があるとされる再生細胞薬SB623の開発、臨床試験を進め、大日本住友製薬（現在の住友ファーマ）

図 3-22　サンバイオショック前後のサンバイオの株価チャート

261

を開発パートナーとして、米国および日本での承認、販売を目指していました。

脳梗塞や脳損傷で脳細胞が破壊されると、命をとりとめても半身不随などの重い後遺症が残り、回復は困難になります。

■脳梗塞・脳損傷の後遺症患者数
　●脳梗塞：日本 123 万人、米国 680 万人
　●外傷性脳損傷：日本 100 万人、米国 530 万人

サンバイオの再生細胞薬 SB623 は損傷部に注入することで、破壊された細胞を再生、脳機能を修復・回復させることを目標に開発された新薬で、米国フェーズ 1 および 2a 試験では有意性ありと認められ、本試験（2b）の結果が注目されていました。

脳梗塞薬における SB623 臨床試験の米国プロセス（日米個別に実施）は次のようになっていました。

■脳梗塞薬における SB623 臨床試験の米国プロセス
　●フェーズ 1 試験
　●フェーズ 2a 試験 ← ここまで通過して 2015 年上場
　●フェーズ 2b 試験 ← 2017 年末に投与を完了し結果待ち
　●フェーズ 3 試験
　●承認・販売

臨床試験では、フェーズ 2 までは少数の患者、フェーズ 3 ではより多数の患者を対象とするようになっています。

サンバイオの SB623 は、患者の細胞を培養する自家移植ではなく、ドナー細胞を培養する仕組みになっているため、大量生産が容易でした。臨床試験に合格すれば、ビジネス的な成功はもちろん、脳梗塞や脳損傷の後遺症に苦しむ多数の患者にとっても画期的な新

薬になることが期待されていました。

ノーベル賞とフェーズ2試験合格

　このような状況下で2018年10月1日、がん治療薬オプジーボの開発者である本庶佑氏がノーベル生理学・医学賞を受賞するという喜ばしいニュースが報道され、日本中が沸き立ちました。

　オプジーボが小野薬品工業から発売されていたこともあり、市場では「第2の小野薬品を探せ！」ということで、バイオ株や創薬株が好意的に捉えられ、ご祝儀相場で株価も上昇傾向になりました。

　この出来事が、サンバイオバブルの触媒になっていた側面もあるかもしれません。

　バイオ・創薬セクターは過去にも、そーせい、アキュセラなどが急騰・急落を演じ、ハイリスクなセクターというコンセンサスがあります。

　そして、本庶氏のノーベル賞受賞報道から1カ月という最高のタイミングの2018年11月2日、サンバイオのSB623が日米で外傷性脳損傷薬の本試験（フェーズ2）に合格というニュースがリリースされました。

■外傷性脳損傷薬におけるSB623臨床試験のプロセス（日米グローバル試験）の経過
- ●フェーズ1試験 ← 免除（脳梗塞で確認済み）
- ●フェーズ2試験 ← 有意性あり合格
- ●フェーズ3試験 ← 再生医療推進法により日本では免除申請が可能
- ●承認・販売
- ※ SB623は脳梗塞薬、脳損傷薬の2ラインで臨床試験を実施

SB623は、この合格により、外傷性脳損傷薬として日本では早期承認制度により承認申請後、販売が可能となり、また米国ではフェーズ3試験入りとなりました。
　さらに、脳梗塞薬としては米国フェーズ2b試験の結果待ちという状況となり、成功を先どりしたバブル相場がスタートしました。

サンバイオバブル

　サンバイオ株は、合格リリース後、4日連続ストップ高を記録するなど急騰し、2カ月間で4.1倍まで上昇しました。
　ピーク時の時価総額は6330億円となり、このとき、マザーズ市場で2位だったメルカリの2倍近い水準。サンバイオ1社で当時のマザーズ市場全体の時価総額の10％超を占める規模にまで膨らんでいました。

図 3-23　バブル時（フェーズ2試験合格前後）のサンバイオの株価チャート

第 3 章 【個別銘柄編】

■サンバイオ 4 日連続ストップ高

2018/11/01　3,685 円　日米で外傷性脳損傷薬フェーズ 2 試験に合格
2018/11/02　4,385 円　＋700 円ストップ高（＋19.0%）
2018/11/05　5,090 円　＋705 円ストップ高（＋16.08%）
2018/11/06　6,090 円　＋1,000 円ストップ高（＋19.65%）
2018/11/07　7,090 円　＋1,000 円ストップ高（＋16.42%）
2019/01/21　12,730 円　発表前の 4.1 倍

■医薬品セクター時価総額ランキング（2019 年 2 月 1 日現在）

1. 〈4502〉武田 68860
2. 〈4519〉中外薬 37499
3. 〈4503〉アステラス 33509
4. 〈4568〉第一三共 28254
5. 〈4523〉エーザイ 25540
6. 〈4578〉大塚HD 25460
7. 〈4507〉塩野義 21847
8. 〈4528〉小野薬 12701
9. 〈4151〉協和キリン 12014
10. 〈4506〉大日本住友 10254
11. 〈4581〉大正薬HD 10042
12. 〈4508〉田辺三菱 9527
13. 〈4967〉小林製薬 6482
14. 〈4592〉サンバイオ 6330 ※ピーク時
14. 〈4536〉参天薬 6229
15. 〈4587〉ペプドリ 5694
16. 〈4530〉久光薬 5396
17. 〈4516〉日本新薬 4953
18. 〈4527〉ロート 3482
20. 〈4521〉科研薬 2548

（単位：億円）

　創薬ベンチャーは当たれば莫大な利益が見込めますが、失敗すれば結果はゼロ。当時のサンバイオの社員数はわずか 8 名で、売上 5 億円、まだ赤字という新興企業が大手製薬会社を軒並みしのぐ時価総額にまで膨張していたわけですから、とても夢のある話です。ただ、さすがに過大評価だったのではないかと思います。

 サンバイオショック

　サンバイオ SB623 バブルの熱狂は、2019 年 1 月 30 日に米国で脳梗塞薬フェーズ 2b 試験の主要項目が未達成というリリースであ

っけなく崩壊します。

外傷性脳損傷薬としては日本でこそ早期承認制度により承認申請後、販売が可能となっていました。しかし、より市場規模が大きく、中核だった脳梗塞薬フェーズ2b試験の失敗により、米国でのフェーズ3試験入りができない状況になりました。そのため脳梗塞薬として承認されることへの期待が大きくしぼんでしまいました。

■サンバイオ4日連続ストップ安

2019/01/29 11,710円 米国で脳梗塞薬フェーズ2b試験の主要項目が未達成の発表
2019/01/30 8,710円 －3,000円ストップ安（－25.62%）
2019/01/31 7,210円 －1,500円ストップ安（－17.22%）
2019/02/01 5,710円 －1,500円ストップ安（－20.80%）
2019/02/04 3,710円 －2,000円ストップ安（－35.03%）※値幅2倍
2019/02/05 2,620円 －1,090円（－29.38%）※値幅2倍

旧マザーズ市場の時価総額の10%超を占めていたサンバイオの暴落はマザーズ市場全体に波及し、2019年1月30日のマザーズ指数を8%以上押し下げました。

サンバイオショック時にマザーズ指数が－8%もの急落となった理由は、バブル状態だったサンバイオがバブル崩壊でストップ安となって値が付かず、その状況から連続して下落する可能性が高いと市場が判断したためだと推測されます。

このような場合、まずマザーズ指数先物がサンバイオ株のさらなる急落を織り込んで下落します。ところが、1日の個別株取引には値幅制限があるため、サンバイオ株はストップ安までしか下落しません。すると先物価格と現物価格に乖離が発生することになり、割安な先物を買って、割高な現物を売るという裁定取引が活発化することになります。

その結果、サンバイオと何の関係もないマザーズ上場銘柄が連れ

安する現象も発生し、同日のメルカリは−5.6％の大幅安でした。このように先物価格と現物価格の乖離は株価暴落を増幅する触媒になることがあります。

図 3-24　サンバイオショック後のサンバイオの株価チャート

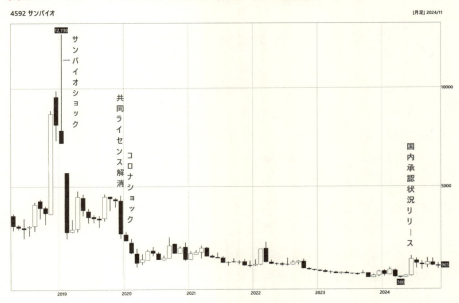

　結局、サンバイオは、2月4日まで4日連続ストップ安となりましたが、2月5日には売買が成立し大商いとなりました。フェーズ2b試験結果発表前から2月5日までの下落率は−77.6％となりました。

　その後、2019年12月13日に大日本住友製薬と結んでいた「北米での慢性期脳梗塞を対象としたSB623の共同開発およびライセンス契約の解消」についてリリースすると、暴落後に反発して4000円台を維持していた株価は2日連続ストップ安と再暴落し、そこから5年間におよぶ下げ相場が続いて2024年4月には380円の安値を記録しました。

> ●バブル高値：12,730 円
> ●バブル崩壊後安値：380 円（−97.01％）

バイオ株への投資リスクと社会的な役割

　医薬品セクターには、サンバイオに限らず、たくさんのバイオ・創薬ベンチャーが上場しています。それらの銘柄のほとんどは、上場以来ほとんど黒字化しておらず、業績は総じてさえません。

　上場してから追加で事業資金を調達しても利益を上げることができず、赤字続きで資金を食いつぶしていき、資金がなくなったらまた増資や新株発行などで追加資金を調達する。「バイオ株は株券印刷業」と揶揄されることすらあるほどです。

　ほとんどの投資家にとって、バイオ・創薬ベンチャーはリターンの期待できる投資先ではありません。従って、少なくとも投資初心者はバイオ・創薬ベンチャー株とは距離を置くべきでしょう。

　バイオ・創薬ベンチャーが画期的な新薬を発明して成功するというのは、夢のような話なのです。事実、日本のバイオベンチャーから大成功に至った事例は、2024 年 12 月現在、いまだ 1 社もありません。一方で倒産や上場廃止してしまった例は 3 件もあります。

> ●倒産・上場廃止になったバイオ企業
> 　テラ
> 　LTT バイオファーマ
> 　エフェクター細胞研究所（ECI）

　成功をつかむよりも、倒産してしまう確率のほうが高い！　驚く

第3章　【個別銘柄編】

べきことですが、これがバイオ・創薬ベンチャーの現実です。

　この状況では、

●バイオ・創薬ベンチャーという存在は不要なのではないか？
●バイオ・創薬ベンチャーは上場を許されるべきではないのでは？

　と考える投資家もいるかもしれません。しかし、それはまた違う話です。バイオ・創薬ベンチャーは、決して不要な存在などではなく、むしろ社会的に非常に大きな役割を果たし、日本の国際競争力向上に大きく貢献している企業群なのです。

　そもそも新薬の開発は、膨大な費用（数百億円〜）と時間（10年〜）がかかり、かつ成功確率も非常に低いものです。ごく一部の資本力のある大企業を除いて、損得勘定でやっていては成り立たないビジネスと言えるでしょう。

　では、損得勘定に合わないものはやるべきではないのか。もちろん違います。特に医療分野においてはそうです。

　2020年に発生したコロナショックを思い出してみてください。特効薬がない重症化率の高いウイルスに対する恐怖。外出が禁止され、経済そのものがストップした世界的な混乱。

　コロナウイルスワクチンは、米国や中国、ロシア、イギリスなどで開発され、承認され、市場投入されていきましたが、日本はどうだったでしょうか。日本では、過去のワクチン訴訟で受けたダメージから製薬会社が開発に消極的となり、ワクチン開発で出遅れてしまったと言われています。つまり、損得勘定の結果がこれです。

　世界中には、現在も回復の見込みのない病気に苦しみ、治療薬が登場することを待っている人がたくさんいます。日本は、自国で新薬を開発できる世界で数少ない国家の1つであり、特にアジア圏

269

（アジア人に症例が多い病気）で日本の果たす役割は大きいものがあります。

　たとえ**成功確率が非常に低いものであっても、損得勘定に合わないものであっても、困っている人を助けたいという希望を持って挑戦する——そういう人材や企業をわれわれは必要としているのではないでしょうか**。

　そして、バイオ・創薬ベンチャー上場制度（2002年～）は、そのような理念のもとに整備されたものです。バイオ・創薬ベンチャーの上場条件（パイプライン型）は次の通りです。条件を満たせば、赤字でも上場可能となっています。

●**治験フェーズ2（P2）に入った新薬のパイプラインを持ち、なおかつ大手企業と製品導出の契約を結んでいること**
　　※パイプラインとは開発中の新薬候補を指す言葉です。

　サンバイオが最先端の再生細胞薬SB623を開発して米国フェーズ2a試験までを通過し、大日本住友製薬とライセンス契約を結んで上場したのはパイプライン型の典型的な上場ケースに該当します。

■**上場中のバイオ・創薬ベンチャー一覧（従業員100人未満）**

〈4563〉アンジェス	〈4591〉リボミック
〈4564〉OTS	〈4592〉サンバイオ
〈4570〉免疫生物研	〈4593〉ヘリオス
〈4571〉ナノMRNA	〈4594〉ブライトパス
〈4572〉カルナバイオ	〈4596〉窪田製薬HD
〈4575〉CANBAS	〈4597〉ソレイジア
〈4576〉DWTI	〈4598〉デルタフライ
〈4579〉ラクオリア	〈4599〉ステムリム
〈4583〉カイオム	〈4883〉モダリス
〈4584〉キッズバイオ	〈4881〉ファンペップ
〈4588〉オンコリス	〈4884〉クリングル

第3章 【個別銘柄編】

〈4888〉ステラファ	〈4893〉ノイル
〈4882〉ペルセウス	〈4896〉ケイファーマ
〈4889〉レナ	〈130A〉ウェリタス
〈4890〉坪田ラボ	〈190A〉コーディア
〈4891〉ティムス	〈206A〉PRISM
〈4892〉サイフューズ	〈219A〉ハートシード
〈4894〉クオリプス	

　残念ながら、サンバイオの最初のチャレンジは失敗に終わりましたが、われわれの社会は失敗したものをけなす社会ではなく、再び挑戦できるように応援する社会でありたいものです。

　例えば、2022年頃から普及し始めた生成AI（人工知能）によって創薬ビジネスは劇的な進化を遂げようとしています。人海戦術に頼っていた多くのプロセスをAIに代替することで費用と時間を大幅に圧縮できることが明らかになってきたからです。日本のバイオ・創薬ベンチャーから成功企業が出現する日もそう遠くないかもしれません。

　投資家は彼ら挑戦者を応援できる立場にあり、彼らを応援する投資家が存在するからこそ、バイオ・創薬ベンチャーという市場が存在して、機能しています。

　これは、日本が世界に誇れることの1つだと思います。

第4章

【爆益につなげる メソッド】

暴落時の買い方と 「平時」 の備え

最後に、ここまで本書で取り上げてきた事例から「株価暴落を爆益につなげる方法」について掘り下げます。

●暴落はなぜ発生したのか
●株価暴落は10倍株の起点になる
●はっしゃん式スロートレード法
●割安成長株の見つけ方・選び方
●株価暴落を爆益につなげるための10カ条
●株価暴落File.からの教訓

の順で解説します。
　これからも発生するであろう株価暴落への準備、あるいは暴落に巻き込まれても大きなダメージを負わないための予防策として参考にしていただければ幸いです。

暴落はなぜ発生したのか

　次ページの図4-1は17の主要な株価暴落の原因をまとめたものです。
　株価暴落の原因には、

●天災
●景気後退
●戦争・テロ
●為替
●バブル
●政策金利

第4章 【爆益につなげるメソッド】

●政治・選挙

●テクニカル

の8つのパターンがあることがわかります。

今後、株価暴落が発生した場合には、これらのパターン（または
その組み合わせ）になると考えると予防策を立てやすくなるでしょ
う。

株価暴落への対処としては、とにかく発生した暴落が自分にとっ
て全くの想定外だった……という状況になるのを避けること。

あらかじめ最悪のケースを想定して準備をしておくことが大切で
す。

図4-1　主要な株価暴落が発生した原因の組み合わせパターン

	天災	景気後退	戦争・テロ	為替	バブル	政策金利	政治・選挙	テクニカル
ドッジ不況（安定不況）の暴落		●						
スターリン暴落			●		●			
IOSショック					●			
ニクソンショック（ドル・ショック）				●				
オイルショック（第一次）			●					
ブラックマンデー				●				
平成バブルの崩壊		●			●			
ITバブルの崩壊					●			
日経平均大量入れ替えショック								●
NY同時多発テロの暴落			●					
リーマンショック		●		●				
東日本大震災の暴落	●							
バーナンキショック				●		●		
ブレグジット（英EU離脱）ショック				●			●	
コロナショック	●			●				
円キャリートレード巻き戻しショック				●		●		
岸田ショック・石破ショック							●	

1）天災

東日本大震災の暴落とコロナショックが該当します。これらは、

275

巨大地震やコロナウイルスによるパンデミックが原因となりましたが、ほかにも巨大隕石の落下、火山の破局的な噴火、新型インフルエンザ感染症の流行などが考えられます。

回避することができない災害型の倒産はさせないのが政府の原則となるので、ダメージを負った企業には政府からの支援が期待できます。コロナ禍では補助金が拠出されたほか、世界的にも大規模な金融緩和によって経済が支えられました。

天災は、実現した悪材料の大きさに比例した物理的なダメージを長期間にわたって与えますが、その復興は特需となります。暴落後の復興局面に株を買うことで大きな利益も期待できるでしょう。

2) 景気後退（金融危機）

ドッジ不況の暴落、平成バブルの崩壊、リーマンショックが該当します。インフレやバブル崩壊などがきっかけで企業倒産が発生し、深刻な場合には銀行の破綻など金融危機にもつながります。

景気後退は影響が長引くのも特徴です。

ドッジ不況の暴落と平成バブルの崩壊ではデフレが発生し、平成バブルの崩壊では20年以上も景気低迷が続きました。リーマンショックでは円高不況となり、厳しい状況が数年間続いています。

金融危機では企業の連鎖倒産も発生します。従って、業績不振に陥った企業や倒産リスクのある企業を見極めて、それらの株式を保有しないことが重要です。株価の動向をチェックしたり、決算書で最新の業績を確認するとよいでしょう。金融危機下では黒字決算のまま倒産する黒字倒産や不祥事が発覚していきなり倒産するケースも見られますので、リスクを取りすぎないようにすることも大切です。

3) 戦争・テロ

スターリン暴落、オイルショック（第一次）、NY同時多発テロが該当します。株価への影響は各種各様で、スターリン暴落の場合は、朝鮮戦争の特需終了見通しが暴落の引き金となりました。オイルショックでは、政治的な駆け引きによって原油高が演出されました。NY同時多発テロは想定外だったテロ組織との戦争でした。「遠くの戦争は買い」という言葉もあります。戦争やテロによる暴落は恐怖が先行する傾向にありますが、実現する悪材料を見極めることが大切です。戦争やテロの背景、影響範囲をよく理解したうえで合理的に判断するよう心がけましょう。

また、資源株や軍需株のように戦争で上昇しやすい銘柄もありますのでチェックしてみるとよいでしょう。

4) 為替

為替はニクソンショックの主因となり、ブラックマンデーにも大きな影響をおよぼしました。そのほかにもリーマンショックやコロナショックでも為替が円高に大きく動いたことや、バーナンキショックや円キャリートレード巻き戻しショックでも結果的に為替変動と株価暴落が重なって発生したことなど、**為替は多くの株価暴落で陰の主役になっている存在**です。

株価暴落に影響を与えるのは、ほぼドル円相場です。ドル円相場は、日米の経済状況を受けて変動しますので、そのメカニズムを勉強しておくことも重要です。特に消費者物価指数（CPI）、雇用統計、政策金利の見通しなどが大きく影響します。

為替が株価暴落につながる局面の多くは急激な円高ドル安（ドルの暴落）です。影響の大きさは変動原因となる「実現した悪材料」によって異なりますので、影響度を自ら判断できるように過去の事例で株価と為替の相関を勉強してみてください。

5) バブル（崩壊）

スターリン暴落、IOSショック、平成バブルの崩壊、ITバブルの崩壊が該当します。それぞれ、戦争特需、長期間の好景気、経済成長の過熱、IT技術の革新がきっかけとなっています。

バブルのメカニズムは、218ページ以降のバブル判定ツール「ハイプ・サイクル」で詳しく解説しましたが、過剰な期待が続いて「実現した好材料」よりも「株価」が相当割高になり、その期待が剥落した時点で崩壊となります。そして「山高ければ谷深し」の言葉の通り、バブルが大きければ大きいほど、その後遺症も深く長く続くことになります。平成バブルでは高値奪還まで34年を要しました。

株式投資を続けていると、小さいものも含めてバブルに遭遇する機会は何回もあるでしょう。そのときに、バブルと割り切って参加するのか、冷静になって距離を置くかは、投資家それぞれの判断にゆだねられています。**投資家にとっては想定外のバブルではなく想定内のバブルであることが重要**です。

6) 政策金利（中央銀行）

バーナンキショック、円キャリートレード巻き戻しショックが該当します。それぞれ、FRB議長、日銀総裁の政策金利に関する発言がきっかけで為替の急変動や株価暴落を引き起こしましたが、いずれも比較的短期間で収束しました。

中央銀行は、インフレ抑制のため景気が過熱してくると金利を上げる（金融引き締め策をとる）ことで景気を抑える役割を担っています。株価暴落につながるのは、中央銀行と市場との対話が不十分で、利上げ幅の決定や今後の見通し発言が市場の想定外だった場合です。

このタイプは、金利変動の影響を大きく受ける金融業や業績が為

替に左右されやすい輸出企業への影響が大きいという特徴があります。また、株価暴落が発生したあとは、火消し発言が行われるなど、株価や為替の変動を安定化させる力が強く働く傾向にあるので、買いチャンスと捉えることもできます。他にも、中央銀行のトップが交代直後で比較的経験の浅い時期に発生しやすい傾向にも留意しておきましょう。

7) 政治・選挙

　ブレグジット（英 EU 離脱）ショックや岸田ショック・石破ショックが該当します。政治や選挙に絡む株価暴落のほとんどが市場予想とは反対の結果が出たときです。そのエネルギーは投機筋の短期的なポジション解消だと推定されます。

　実際には、政治や選挙の結果が、ただちに実体経済に大きな影響を与えることは少なく、そのため株価暴落からの回復も早いことが多いようです。この暴落も買いチャンスと捉えることもできるでしょう。長期投資では割り切って無視することも 1 つの選択肢です。

8) テクニカル

　日経平均大量入れ替えショックが該当します。市場全体に影響を与えるようなインデックスの入れ替えは稀ですが、日経平均株価や MSCI 指数（モルガン・スタンレー・キャピタル・インターナショナル社が算出する全世界株式指数など）といったインデックス採用や除外に絡んだ個別株の暴落は定期的に発生しています。

■インデックスの銘柄入れ替え時期
　●日経平均株価　毎年 4 月、10 月
　● MSCI 指数　　毎年 2 月、5 月、8 月、11 月

個別株単位では、それなりに影響があるので、持ち株が指数に採用されているかどうか、除外されるリスクはないかなどはチェックしておいたほうがよいでしょう。指数絡みで大きく売られた場合には買いチャンスになることもあります。こちらのタイプも長期投資では無視することも選択肢です。

9） 想定外の暴落

　これまで分類してきた8パターンとは異なる暴落が発生する可能性もあります。このような場合に備えて株価暴落を「恐怖」と「実現した悪材料」に分類して考える習慣をつけておきましょう。

株価暴落は10倍株の起点になる

　株価暴落 File. では、リーマンショックやコロナショックが10倍株の起点になっている例として上昇率上位の銘柄リストを紹介しました。

　はっしゃんは「株価暴落は10倍株の起点になる」ことを検証するサイトとして「【株Biz】10倍株Watch」というWebサイトを作成して株価暴落を起点とした株価推移を定点観測しています。

　ここでは、「【株Biz】10倍株Watch」から平成バブルの崩壊（1990年）、ITバブルの崩壊（2001年）、リーマンショック（2008年）、コロナショック（2020年）の4つの代表的な株価暴落を基準として、基準日以降に出現した、

●現役10倍株　安値から10倍以上を現在もキープしている銘柄
●10倍到達株　1回でも安値から株価10倍以上に到達した銘

第 4 章 【爆益につなげるメソッド】

図 4-2　平成バブル崩壊後の 10 倍株・1/10 倍株（2024 年 12 月現在）

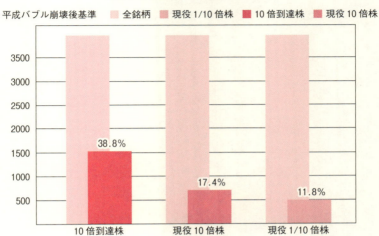

図 4-3　IT バブル崩壊後の 10 倍株・1/10 倍株（2024 年 12 月現在）

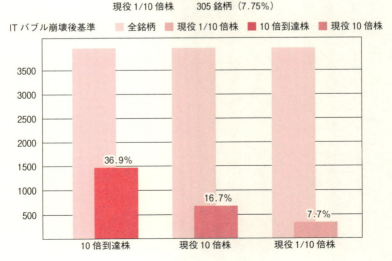

図 4-4　リーマンショック後の 10 倍株・1/10 倍株（2024 年 12 月現在）

　　　　　対象銘柄数　　　3,937 銘柄
　　　　　現役 10 倍株　　　519 銘柄（13.18%）
　　　　　10 倍到達株　　 1,165 銘柄（29.59%）
　　　　　現役 1/10 倍株　　185 銘柄（4.70%）

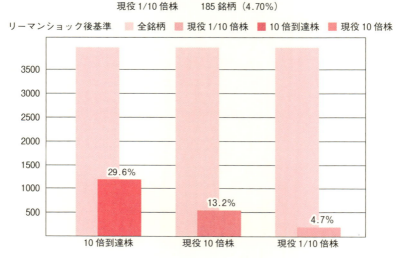

図 4-5　コロナショック後の 10 倍株・1/10 倍株（2024 年 12 月現在）

　　　　　対象銘柄数　　　3,937 銘柄
　　　　　現役 10 倍株　　　32 銘柄（0.81%）
　　　　　10 倍到達株　　　123 銘柄（3.12%）
　　　　　現役 1/10 倍株　　63 銘柄（1.60%）

第4章 【爆益につなげるメソッド】

柄

●現役 1/10 倍株　高値から 10 分の 1 以下に下落している銘柄

　の 2024 年 12 月末現在の統計データを示します。実際の 10 倍株
リストは「【株 Biz】10 倍株 Watch」にて公開しています。
　4 つの暴落を基準とした統計データからは、株価暴落からの経過
時間が長ければ長いほど現役 10 倍株や 10 倍到達株が増えている
ことがわかります。この傾向は現役 1／10 倍株でも同様ですが、
基準日からの経過時間が浅いコロナショックを除くと 1／10 倍株
よりも 10 倍株の数のほうが多くなっており、時間が経過するほど
株価が上昇する期待値が高まると考えてよさそうです。

●現役 10 倍株の比較
　　1990 年基準　687 銘柄（17.45%）
　　2001 年基準　659 銘柄（16.74%）
　　2008 年基準　519 銘柄（13.18%）
　　2020 年基準　　32 銘柄（0.81%）
　※基準日以降の安値から今も現役で 10 倍以上の銘柄

● 10 倍到達株の比較
　　1990 年基準　1,528 銘柄（38.81%）
　　2001 年基準　1,452 銘柄（36.88%）
　　2008 年基準　1,165 銘柄（29.59%）
　　2020 年基準　　123 銘柄（3.12%）
　※基準日以降の安値から一回でも 10 倍以上に到達した銘柄

●現役 1/10 倍株の比較
　　1990 年基準　466 銘柄（11.84%）

2001 年基準　305 銘柄（7.75%）

2008 年基準　185 銘柄（4.70%）

2020 年基準　 63 銘柄（1.60%）

※基準日以降の高値から今も現役で 1/10 倍以下に下落して
いる銘柄

　具体的には、1990 年の平成バブル崩壊後の基準では株価 10 倍に
1 回以上なったことのある 10 倍到達株が 38.81% となっており、**3
銘柄に 1 つ以上がバブル崩壊後に株価 10 倍を経験した銘柄**になっ
ています。同様に 2001 年の IT バブル崩壊後基準では 36.88% が株
価 10 倍以上を経験した銘柄。2008 年のリーマンショック後基準で
あっても、29.59% が株価 10 倍到達株となっており、**保有期間 15
年以上を経過した場合には 3 〜 4 銘柄に 1 つが株価 10 倍以上**まで
上昇したことになります。これが 2020 年のコロナショック後基準
では 10 倍到達株がわずか 3.12% となり、30 銘柄に 1 つあるかない
か程度です。

　これらの統計データからは、**株価暴落の局面でいくつかの株を購
入しておき、10 年単位の長期投資を続けると、真っ当な銘柄であ
れば株価が 10 倍以上に到達しても決しておかしくはない**ことがわ
かります。そして、投資期間が長くなればなるほど、利益が損失を
上回ることも期待できます。ただし、**株価が 10 分の 1 になってし
まう銘柄も一定数はあるので、損切りルールを決めておいたほうが
資金効率が高くなる**でしょう。

●現役 10 倍株と 10 倍到達株の比較

1990 年基準　687/1,528 銘柄（44.96%）

2001 年基準　659/1,452 銘柄（45.39%）

> 2008 年基準　519/1,165 銘柄（44.55％）
> 2020 年基準　32/123 銘柄（26.02％）
> ※基準日以降の安値から 10 倍以上に到達した銘柄

　また平成バブル崩壊、IT バブル崩壊、リーマンショック、コロナショックにおける現役 10 倍株と 10 倍到達株の数を比較すると、**株価 10 倍以上に 1 回以上到達した銘柄のうち、現役の 10 倍株は半数以下**というやや厳しい結果が導かれます。この事実から、**株価 10 倍を 1 つの目標として、株価が 10 倍を超えた場合や株価 10 倍を超えたあとに失速して 10 倍を下回った場合には速やかに利益確定するほうがよい**と言えそうです。

　はっしゃんは、このようなビッグデータ分析を根拠に**再現性のある「株価暴落を爆益につなげる方法」の 1 つが有望株（割安成長株）を買って 10 年単位で長期保有しておくこと**だと考えています。

はっしゃん式スロートレード法

　はっしゃん式スロートレード法は、株価暴落の発生を前提としつつ割安成長株を 10 年以上保有し続けることで株価 10 倍を狙う投資法です。
　とてもシンプルな投資法なので投資初心者の方にもおすすめです。
　スロートレードという名称は「10 年後を目標とした超長期投資」から名付けました。「スロー」の部分は「スローライフ」というライフスタイルを投資に当てはめています。それは、時間に追われる

ことなく、自分のペースで自分らしく暮らす生き方です。
　スロートレード法は株価暴落の発生も前提とした株価に追われることのないマイペースな投資法です。

図 4-6　はっしゃん式スロートレード法のフローチャート

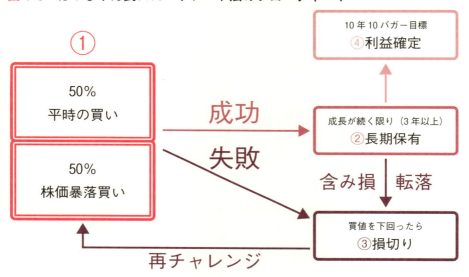

　上の図 4-6 がはっしゃん式スロートレード法のフローチャートです。**①買い、②長期保有、③損切り、④利益確定**の 4 ステップで構成されています。各ステップを順番に説明します。

①半分を平時に、もう半分は株価暴落で買う
　購入資金のうち平時での買いは半分程度にとどめておき、残りは株価暴落時のためにキャッシュとして保持しておきます。1 年間で投資に充当できる資金が 100 万円であれば、うち 50 万円が暴落買い用になります。キャッシュ比率を常に 50％ とするのではなく、**平時買いと暴落買いが 50％ ずつになるように調整**してください。

第4章 【爆益につなげるメソッド】

■年間100万円を投資する場合

	1年目	2年目	3年目	4年目	5年目
平時の買い	50万円	50万円	50万円	50万円	50万円
暴落の買い	50万円	50万円	50万円	50万円	50万円

前述の年間100万円を投資する場合には、1年で50万円、2年では50万円＋50万円＝100万円が暴落買い用となり、仮に株価暴落が発生しなければ暴落買い用のキャッシュがどんどん積み上がっていく仕組みになります。

ターゲットとするのは10年後に株価10倍が期待できる割安成長株です。売上と利益の持続的成長が見込める有望株を探しましょう。

また、株価暴落で買う目安をどのように判断するか迷う方もいると思います。日経平均株価の下落率で1日－5%以上を暴落の目安と考えるとよいでしょう。

■株価暴落の目安

●日経平均株価－5%以上

通常の株価暴落（1〜2年に1回以上）

●日経平均株価－6%以上

ワースト20級の株価暴落（2〜3年に1回程度）

●日経平均株価－7%以上

ワースト10級の大株価暴落（5〜6年に1回程度）

●日経平均株価－10%以上

ワースト5級の特大株価暴落（10年に1回あるかどうか）

本書の株価暴落File.で学んだように暴落は繰り返しやってくることもあり、株価が乱高下する難しい局面ですが、買いチャンスに

もなります。暴落の大半は出来高をともなって、一斉に下落するセリングクライマックスという形になります。このセリングクライマックスのあとが買いの目安です。また、暴落が1回で終わるか連続するかは、前回安値を割れるかどうかで判断します。

②成長が続く限り長期保有する（3年保有ルール）

持ち株は**長期投資が前提となるので原則として売却しません**。ただし、値上がりの見込めない銘柄を保有し続けると資金効率が悪くなってしまうので、3年保有ルールを使って判断します。

> ■ 3年保有ルール
> 購入後少なくとも3年間は保有し続ける
> 3年経っても上昇が見込めないと判断できる場合は売却

3年後に売却する目安は、売上や利益が3年前と比較して成長していない場合や株価が期待通りに上昇しておらず、今後も上昇が見込めない場合です。

③含み損は一切持たない（損切りルール）

持ち株が**買値を下回って含み損に転落した場合は失敗と判断して速やかに売却**します。3年保有ルールと相反するところがありますが、ここは損切りルールを優先して、含み益のある銘柄のみを3年間持ち続けるという趣旨です。

はっしゃんは、このルールを1円損切りルールで運用しています。損切りの目安は各自でアレンジしてください。

> ■損切りルール
> ●1円損切り：買値を1円でも下回ったら機械的に損切り

第4章 【爆益につなげるメソッド】

> ● 10％損切り：買値を10％下回ったら機械的に損切り
> ● 個別損切り：買う前に損切りラインを個別に決めておく
> ● 底割れ損切り：前回安値を割れたら損切り（暴落時に有用）

　投資がうまくいかない人の共通点として、含み損の持ち株を損切りできず持ち続けていることがあります。逆に**投資がうまくいっている人の持ち株は含み益ばかりで、含み損銘柄はほとんど保有していない**傾向です。

　長期投資では確率的に株価10分の1以下まで下げる銘柄も投資期間に比例して増加します。損切りルールは最重要と考えて、しっかり守るようにしてください。

　エントリーが甘いと暴落時に損切りさせられることが多くなります。暴落時は底割れ損切りルールを適用することも有用です。

④ 10年保有テンバガー目標で利益確定（10年10倍利確ルール）

　利益確定は10年または10倍（テンバガー）を目安とします。まだまだ上昇が見込めると判断できる場合、利確はしなくてもかまいませんが、前述したように「【株Biz】10倍株Watch」の統計データからは**10倍到達株の半分以上がのちに10倍割れしてしまう**ことが確認されています。

> ■ 10年10倍利確ルール
> ● 10年保有したら利確する
> ● 10倍株になったら利確する
> ※まだ上昇が見込める場合も半分の売却を検討する
> ● 10倍到達株が10倍割れになったら速やかに利確する

　10倍株の全部を売却したくない場合は半分売っておくという方

法もあります。また、**10倍到達株が10倍割れになった場合は、その後、大きく下げることもあるので速やかに利確**しましょう。

　10倍株を利確すると豊富な資金を確保できることでしょう。利確した資金は投資以外の目的に使うこともできますし、再投資することもできます。投資を活用して豊かな人生を送ってください。

 ## 割安成長株の見つけ方・選び方

　はっしゃん式スロートレード法では、10年後に株価10倍を狙える割安成長株をターゲットとします。割安成長株といってもピンと来ない方も多いと思うので、その見つけ方・選び方を簡単に紹介しておきます。

●成長株とは：
　売上と利益が増えている増収増益の銘柄です。
　10年後に売上と利益が10倍になることが期待値です。

●割安株とは：
　企業価値と比較して株価が割安である銘柄です。
　今、割安でなくても株価暴落時には割安となる可能性がある銘柄も候補です。

成長株の選び方

　はっしゃんの場合は、成長株を決算書や『会社四季報』で探しています。決算書で売上や利益が前期比プラスになっている銘柄が候補になります。『会社四季報』では過去数年分の売上や利益の推移を確認できますので効率的に成長株を探せます。売上や利益が連続

第4章　【爆益につなげるメソッド】

して増収増益になっている企業がよいでしょう。

10年後に10倍になる有望株かどうかを調べる方法は、気になる銘柄のIRサイトを訪問して「決算説明資料」や「中期経営計画」などを確認することです。

そして成長性や新規性、優位性などから「これからの日本や世界をよくする企業かどうか」という視点で考えるようにしています。最終的には自分が買いたいかどうかで判断します。

割安株の探し方

はっしゃんの場合、はっしゃん式理論株価で過去数年分の企業価値を計算して株価と比較するようにしています。割安株には業績不振で人気がなく、有望株とはいえない銘柄もたくさん含まれています。そこで理論株価を使って割安性を時系列で評価しています。

一般的にはPER（株価収益率）やPBR（株価純資産倍率）、ROE（株主資本利益率）などの株価・財務指標が使われますが、専門的な金融知識を勉強する必要があり、初心者の方には難しいのが欠点です。個人的には理論株価を使うことをおすすめします。

理論株価について

はっしゃん式理論株価は、はっしゃんが投資初心者向けに企業価値の目安として開発したものです。株価と理論株価を比べるだけで割安かどうか判断できるため、専門的な金融知識がなくても誰でも使えるという特徴があります。

はっしゃん式理論株価は、「【株Biz】理論株価Web」で無料公開していますので、どなたでも企業価値の目安を確認できます。

【株Biz】勉強会について

ここまでで割安成長株の探し方がある程度、わかったかと思いま

291

すが、決算発表のニュースで各社の決算をチェックしたり、『会社四季報』で業績を調べたりするのは、最初はハードルが高いと思います。

はっしゃんは、初心者向けの【株Biz】勉強会を主宰していて、決算勉強会や四季報勉強会、上場企業とのIR対談などをYouTubeで配信しています。ライブに参加したり、動画を見たりすることで割安成長株の見つけ方や探し方の参考になると思いますので、ぜひ参加してみてください。

株価暴落を爆益につなげるための10カ条

はっしゃん式スロートレード法はいかがでしたか。

たとえロジックや再現性が合理的であっても、**実際に株価暴落と対峙して決断するのは相当な勇気がいるもの**です。

ここでは、はっしゃんが日頃から意識している投資家としての哲学を「株価暴落を爆益につなげるための10カ条」としてまとめました。暴落に際して勇気を持って買うための心得として参考にしてください。

第1条 自分で探した銘柄、好きな銘柄、
　　　　 買いたい銘柄を投資対象とする

第2条 これからの日本や世界をよくする企業、
　　　　 業績に裏付けのある成長企業にこだわる

第3条 株価暴落は予測できない。
　　　　 備えにキャッシュを確保しておく

第 4 章 【爆益につなげるメソッド】

第 4 条　暴落で売らされる投資家ではなく
　　　　暴落を買い支えられる側の投資家になる

第 5 条　株価暴落の原因を「恐怖」と
　　　　「実現した悪材料」に分解して考える

第 6 条　企業価値を理論株価で考える。
　　　　株価暴落でも本質的な企業価値は変わらない

第 7 条　戻らない株価暴落はないし
　　　　株価暴落は 10 倍株の起点になる

第 8 条　含み益銘柄を 10 年保有して 10 倍株に。
　　　　含み損銘柄は一切持たないようにする

第 9 条　投資家がリスクを取って資金を投じることで
　　　　新しい企業が育ち社会が変わっていく

第 10 条　株式投資を通じて投資家として
　　　　　人間として成長し続けることを目標にする

　「少しばかりのお金を手に入れたい」という思いが株式投資のスタート地点であったとしても、繰り返し株価暴落やそのほかのイベントを経験することで次第に考え方、視座が変わってきます。特に株価暴落は、自分が何のために投資しているのかを考え直すよい機会となることでしょう。そして、**株価暴落は絶好の投資チャンス、投資家としても絶好の成長機会である**と前向きに捉えましょう。

293

株価暴落 File. からの教訓

　最後に日経平均株価の株価暴落 File. で太字表記した文言の中でも重要なものをまとめました。過去からの学びとして使ってください。新たな株価暴落に遭遇したときのヒントになるかもしれません。

■暴落 File. から得られる教訓

●株価暴落は決して頻度が高いわけではないが、不定期に発生するものとして、どんなリスクがあるかを認識しておく必要がある（本書 10 ページ）

●投資家は株価暴落が発生することを前提としたリスク管理をしておく必要があります（10 ページ）

●最大級のものになると何回も繰り返し株価暴落が発生する（20 ページ）

●株価暴落のスケールが大きければ大きいほど、リバウンドもまた大きくなります（22 ページ）

●戻らない株価暴落はない（23 ページ）

●米国市場が暴落すると日本市場も暴落する（26 ページ）

●ドル高からドル安に転じる局面では株価暴落の発生リスクがある（37 ページ）

第4章 【爆益につなげるメソッド】

●株価暴落は予測できない（38ページ）

●株価暴落があった場合は慌てて買うよりも冷静に2番底を
狙うほうが賢い選択かもしれません（38ページ）

●株価暴落で株価が下がれば下がるほど、倒産件数が増えてい
る（51ページ）

●株価暴落が発生した場合には、企業倒産リスクや倒産確率が
通常の時期と比べて大きく増加している（51ページ）

●株価暴落は絶好の買いチャンスであると同時に、最も倒産リ
スクが高まったときである（52ページ）

●倒産は社会的使命を終えた企業や、優位性が後退して非効率
になった企業を淘汰し、次の新しい時代に進むための必要悪
（55〜56ページ）

●投資先企業がこれから日本や世界をよくする企業なのかどう
か、社会から必要とされている企業なのかどうか（56ペー
ジ）

●バブル崩壊後の安値は買いチャンス（62ページ）

●社会の仕組みや生活インフラ、私たちの行動様式がそれまで
と大きく変わることがあります。このような現象をパラダイ
ムシフトと呼び、新しい企業が短期間で巨大化したり、株式
市場ではバブル相場になったり、個別株に10倍株、100倍

295

株が出現したりします（62ページ）

●バブル崩壊の底値で買っておくと株価10倍を狙えるのは、一部の勝ち組企業だけ（63ページ）

●誰もがまだよくわかっていないがゆえに、市場の期待が行きすぎる傾向になる。その過剰な期待の結果、バブル相場が発生する（63ページ）

●これから必要とされる新しい技術に挑戦する企業の価値を高め、資金を融通していくのも株式市場が持つ大切な役割（65ページ）

●投資家がリスクを取って資金を投じるからこそ、新しい企業が育ち、社会が変わっていく（65ページ）

●バブル相場はそのピーク後の株価暴落がセットになっているからこそ、バブルと呼ばれます（65ページ）

●バブル相場に「知らないうちに参加してしまっていた」ことにならないよう、最低限の知識は身に付けておきましょう（66ページ）

●株価暴落では慌てて行動せず、嵐が過ぎるのを待つのも選択肢（82ページ）

●悪材料がサプライズ（驚き）であればあるほど、暴落当初の株価の下落は激しくなります（83ページ）

第4章　【爆益につなげるメソッド】

●暴落がどれぐらい深刻で長期間続くものになるかを決めるのは最終的には実現した悪材料のほう（83ページ）

●株価暴落は10倍株の起点になる（97、147ページ）

●株価暴落の局面で高配当株や増配株に投資して長期保有に成功すると、株価が値上がりしてかつ配当収入も増える（109ページ）

●株価暴落時において、特定銘柄に資金を集中投資しすぎていたり、レバレッジをかけすぎたりしていると、命の危機と同時に金融資産にもリスクがおよびかねません（110ページ）

●災害のときに慌てて株式を売る投資家ではなく、買い支えられる投資家になりたい（110ページ）

●市場との対話が不足していると金融施策や発言がネガティブサプライズとなって株価暴落を引き起こす場合がある（115ページ）

●株価暴落は、リスクを取っていた短期資金が、想定外の材料で手じまいを余儀なくされたため引き起こされた（122ページ）

●社会生活に大きな影響がある出来事が発生した場合、特定セクターに特需が発生して株価に大きな影響を与える（132ページ）

●日本市場が原因となった株価暴落が米国や世界同時株安へと

つながらなかった場合、そのインパクトは世界の中ではそれほどでもない（154 ページ）

●株価暴落は「実現した悪材料」がなくとも「恐怖」のみで発生する（155 ページ）

●「実現した悪材料」のない暴落は、絶好の買いチャンスになる可能性がある（156 ページ）

●「恐怖」なのか「実現した悪材料は何なのか」を考えると、1 つの行動指針になる（156 ページ）

●政策金利の変動が経済や株価に大きな影響を与える（156 ページ）

●インフレは通貨の価値が下がり、商品の価値が上がる現象です。株価もまた例外ではありません（189 ページ）

●株価暴落の局面でいくつかの株を購入しておき、10 年単位の長期投資を続けると、真っ当な銘柄であれば株価が 10 倍以上に到達しても決しておかしくはない（284 ページ）

●実際に株価暴落と対峙して決断するのは相当な勇気がいるもの（292 ページ）

●株価暴落は絶好の投資チャンス、投資家としても絶好の成長機会である（293 ページ）

おわりに

　本書は、1990年代にはっしゃんが投資を開始してから、勉強の
ために記録していた株価暴落や個別銘柄の暴落・倒産事例をまとめ
直したものです。

　それぞれのケースから投資家が知っておくべきことや学習材料と
なる事例を追記して1冊の本としてまとめました。

　平成バブルやITバブル崩壊、コロナショックをはじめ株価暴落
についての書籍は数多く出版されていますが、戦後のドッジ・ライ
ン不況からスタートして、スターリン暴落、ニクソンショック、ブ
ラックマンデー、リーマンショック、2024年の円キャリートレー
ド巻き戻しショックに至るまでの株価暴落を通史的にまとめて解説
する書籍は本書が初めてだと自負しています。

「賢者は歴史に学び、愚者は経験に学ぶ」（ビスマルク）

　株式投資の極意は、昔も今も「これから値上がりしそうな株を買
う」というシンプルなものです。本書を通じて、多くの皆さんに投
資に興味を持っていただき、これからの日本や世界をよくしていく
企業を応援する、将来の日本を支える投資家になっていただけれ
ば、それに勝る喜びはありません。

2025年1月　　　　　　　　　　【株Biz】勉強会・投資家VTuber

　　　　　　　　　　　　　　　　　　　　　はっしゃん

いかがでしたか？
投資で成功する方法は百人百様ですが、
失敗パターンは、ほぼ共通しています。
「失敗しないことが成功の秘訣」
暴落が起こるたびに、
余裕の笑みを浮かべられる投資家に
あなたが成長することを願い、
ここで筆をおきます。

日経平均株価下落率ワースト20

※本書発売直前のトランプ関税ショックを受けて、18ページの最新ランキングを掲載いたします。(編集部より　2025/4/21 現在)

1位 1987/10/20	−14.90% ブラックマンデー	11位 2025/04/07	−7.83% トランプ関税ショック
2位 2024/08/05	−12.40% 円キャリートレードショック	12位 1971/08/16	−7.67% ニクソンショック
3位 2008/10/16	−11.41% リーマンショック	13位 2013/05/23	−7.32% バーナンキショック
4位 2011/03/15	−10.55% 東日本大震災の暴落	14位 2000/04/17	−6.98% 日経平均大量入れ替え
5位 1953/03/05	−10.00% スターリン暴落	15位 1949/12/14	−6.97% ドッジ不況(安定不況)
6位 2008/10/10	−9.62% リーマンショック	16位 2008/11/20	−6.89% リーマンショック
7位 2008/10/24	−9.60% リーマンショック	17位 2008/10/22	−6.79% リーマンショック
8位 2008/10/08	−9.38% リーマンショック	18位 1953/03/30	−6.73% スターリン暴落
9位 1970/04/30	−8.69% IOSショック	19位 2001/09/12	−6.63% ＮＹ同時多発テロ
10位 2016/06/24	−7.92% 英EU離脱ショック	20位 1972/06/24	−6.61% ポンドショック

はっしゃん

◎【株Biz】勉強会 主宰。投資家VTuber、個人投資家。サラリーマン時代に従業員持株会から投資を始め、投資歴30年。

◎ITエンジニア投資家としてプログラミング言語を駆使して決算書・理論株価・月次情報などを検証・分析するスタイルで30代に資産1億円を達成。

◎現在は独立・起業して「初心者にも持続可能な株式市場の実現」という理念のもと、専門的な金融知識なしで利用できる投資コンテンツを監修・開発・配信する。

◎人気の『理論株価Web』を含む『【株Biz】勉強会Web』は累計PV1億以上、投資家VTuberとして『【株Biz】勉強会TV』を開催、マネー誌、投資メディア、SNSでも活動する。

◎ビジネス著書は累計10万部以上、X（旧Twitter）とYouTubeチャンネルを合わせた総フォロワー数は10万人以上。

◎好きなものはコーヒー、マラソン、熱帯魚、料理、自作PC、プログラミング。

株の爆益につなげる「暴落大全」

2025年 4 月11日　初版発行
2025年 5 月20日　再版発行

著者／はっしゃん

発行者／山下 直久

発行／株式会社KADOKAWA
〒102-8177　東京都千代田区富士見2-13-3
電話 0570-002-301(ナビダイヤル)

印刷所／TOPPANクロレ株式会社

製本所／TOPPANクロレ株式会社

本書の無断複製（コピー、スキャン、デジタル化など）並びに
無断複製物の譲渡および配信は、著作権法上での例外を除き禁じられています。
また、本書を代行業者などの第三者に依頼して複製する行為は、
たとえ個人や家庭内での利用であっても一切認められておりません。

●お問い合わせ
https://www.kadokawa.co.jp/ (「お問い合わせ」へお進みください)
※内容によっては、お答えできない場合があります。
※サポートは日本国内のみとさせていただきます。
※Japanese text only

定価はカバーに表示してあります。

©hashang 2025　Printed in Japan
ISBN 978-4-04-607336-5　C0033

決算書1ページ目の「3分間チェック」から"10倍株"を探す方法

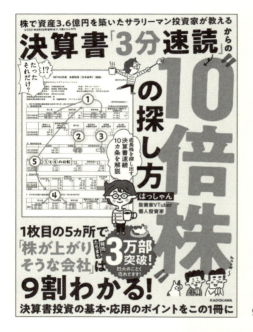

株で資産3.6億円を築いた
サラリーマン投資家が教える

決算書「3分速読」からの"10倍株"の探し方

(KADOKAWA)
978-4-04-605374-9

目次

- 【第1章】10倍株の候補を「3分間でチェックする方法」
- 【第2章】ビギナーでもできる「決算書速読」10ヵ条
- 【第3章】シンプルな"見える化"で「財務三表」をサクっと理解
- 【第4章】入門書では教えてくれない「PERとROEの深い分析法」
- 【第5章】Excelシートで「5年先の株価を予測する方法」
- 【第6章】ゼロから覚える「理論株価バリューモデル」
- 【第7章】はっしゃんがセレクトした成長株候補ストック30